초등학생을 위한 유쾌한 교양 수업

궁금해요! 위생학

미야자키 미사코 감수
박햇님 옮김

볼드문스어린이

차례

이 책을 읽기 전에 ········ 6

들어가며 위생학 이해하기

위생학이 뭐예요? ·· 8
위생학은 언제부터 시작됐나요? ··· 10
질병이 없으면 건강한 거예요? ·· 12
예방이란, 도대체 뭘 하는 거예요? ······································ 14
<small>잠깐!</small> 위생과 건강에 영향을 주는 요인들 ······················· 16

1장 생활 속 위생학

가정생활
손 씻기나 가글은 왜 하는 거예요? ······································ 18
항균 티슈로 손을 닦으면 균이 없어지나요? ························ 22
씻은 도마나 젖은 행주에는 세균이 없죠? ···························· 24
냉장고나 냉동고에도 세균이 있다고요? ······························ 26
사용한 그릇은 바로 씻어야 하나요? ···································· 28
환기는 왜 하는 거예요? ·· 30
청소는 왜 하는 거예요? ·· 32
수돗물과 페트병 물은 무엇이 다르죠? ································· 34

학교생활
선생님은 왜 인사할 때 내 얼굴을 뚫어지게 볼까요? ············ 36
건강 검진은 왜 해마다 하는 거예요? ··································· 38
'휴교'는 왜 하는 거예요? ·· 40
상처는 왜 손으로 만지면 안 되나요? ··································· 42

	교실이 왜 이렇게 밝아요? ············ 44
	수영장 물은 왜 마시면 안 되나요? ······ 46
	누가 가장 먼저 급식을 먹나요? ········ 48
	보건 선생님은 수업을 안 하나요? ······· 50
사회생활	환경 오염이 무슨 뜻이에요? ·········· 56
	기름은 왜 배수구에 버리면 안 되나요? ·· 58
	배기가스가 그렇게 몸에 나쁜가요? ····· 60
	타지 않는 쓰레기는 왜 태우면 안 되나요? · 62
	형광등 안에 위험한 물질이 들어 있다고요? · 64
	지구 기온이 높아지면 어떻게 되나요? ···· 66
	보건소는 뭐 하는 곳이에요? ·········· 68
	잠깐! 지구 온난화와 질병 ············ 72

2장 감염을 막아 주는 위생학

감염의 성립	감기는 왜 걸리는 거예요? ············ 74
	감염된다는 건 무슨 뜻이에요? ········· 76
	감염병은 어떻게 옮는 거예요? ········· 78
	바이러스가 세균이에요? ············· 82
감염병의 종류	감염병에는 어떤 것들이 있나요? ······· 84
	동물에게 옮는 감염병도 있나요? ······· 88
감염 유행과 팬데믹	'감염 유행'이 도대체 뭐예요? ········· 90
	감염병에 걸린 사람 수를 어떻게 알 수 있죠? · 92
	인플루엔자는 왜 해마다 유행하는 거예요? · 94

감염병의 예방
- 감염병을 아예 없앨 수는 없나요? 96
- 감염병에 걸리지 않는 방법은 없나요? 98
- 가족에게 감염병이 옮는 건 어쩔 수 없죠? 102
- 감염병이 퍼지는 걸 막을 수 있나요? 104
- 격리가 뭐예요? 106
- 예방 접종은 왜 하는 거예요? 108
- 검역은 정확히 뭘 하는 거예요? 112
- 잠깐! 신종 코로나바이러스 감염증 116

3장 안전한 음식을 위한 위생학

식품 안전
- 음식은 왜 상하나요? 118
- 균이나 곰팡이가 닿은 음식은 무조건 못 먹나요? 120
- 떡에는 왜 곰팡이가 잘 피나요? 122
- 썩는 것을 막을 수 있나요? 124
- 딸기잼은 왜 오래 보관할 수 있나요? 126
- 냉동고 속 2년 전 아이스크림, 먹어도 되나요? 128
- 요구르트에 정말 균이 있나요? 130
- 유통 기한이 지난 건 먹으면 안 되나요? 132
- 식품 포장지에는 무엇이 적혀 있나요? 134
- 우유 팩에 적힌 저온 살균이 뭐예요? 136
- 두부 용기에 적힌 유전자 변형(GMO)이 뭐예요? 138
- '무첨가'란 무슨 뜻이에요? 140
- 농약을 사용하지 않은 농산물도 있나요? 142

식중독
- 상한 음식을 먹으면 식중독에 걸리나요? ········· 144
- 살모넬라 식중독은 어떻게 걸리나요? ············ 148
- 황색 포도상 구균 식중독의 증상은 뭐예요? ······ 150
- 노로바이러스는 왜 유행하는 거죠? ··············· 152
- 굴을 먹고 탈이 난다는 게 무슨 뜻이에요? ······· 154
- 복어에 독이 있다는 게 진짜예요? ················ 156
- 숲에 있는 버섯, 먹어도 되나요? ·················· 158
- 물병에 음료수를 넣어도 괜찮나요? ··············· 160
- 고래회충이 뭐예요? ································· 162

식중독의 예방
- 식중독 예방법을 알려 주세요! ···················· 166
- 음식은 어떻게 보관해야 하나요? ················· 170
- 요리할 때 무엇을 주의해야 하나요? ············· 174
  - 잠깐! 음식을 보관하는 방법 ···················· 176
  - 잠깐! 어린이 기호식품 품질인증 ··············· 178

4장 재난 생활 속 위생학

재난 시 대피 생활
- 대피소에서 생활할 때 무엇을 조심해야 하나요? ········· 180
- 손을 물로 씻을 수 없을 때는 어떻게 하죠? ··············· 184
- 화장실 물이 내려가지 않을 때는 어떻게 하죠? ··········· 186
- 통조림 캔은 정말 상하지 않나요? ·························· 188

위생학이 쉬워지는 용어 ············ 190

이 책을 읽기 전에

감염병
병원체가 몸 안으로 들어와 이상 증상이 나타나는 질병이에요.

병원체
질병을 일으키는 미생물이에요.

미생물 (세균, 바이러스, 곰팡이 등)
눈에 보이지 않을 정도로 작은 생물이에요. 입자 크기에 따라 세균, 바이러스, 곰팡이 등으로 나뉘어요.

예방
병에 걸리지 않기 위해 하는 모든 행동이에요.

세균(균)
질병을 일으키는 미생물뿐 아니라 발효와 부패를 일으키는 미생물로 하나의 세포로 이루어져 있어요.

면역력
나쁜 균이 몸 안으로 들어왔을 때 맞서 싸우려는 힘이에요.

이 책에 등장하는 캐릭터

부엉이 선생님

펭귄 선생님

위생학에 대해 자세히 알고 있는 선생님이에요. 여러분이 궁금해하는 것들을 알려 줘요.

까칠한 여우

여유로운 고슴도치

더 알면 좋은 것을 알려 주거나 설명을 요약해 알려 줘요.

똑똑한 코알라

어려운 단어를 쉽게 설명해 줘요.

들어가며

위생학 이해하기

위생학이 뭐예요?

위생학 이해하기

질병의 원인 — 병원체, 유해 물질

환경 — 빛, 공기, 물, 흙

생명 / 생활

인간의 삶

사람들의 건강을 지키기 위한 것들을 연구하는 학문이에요

위생이란 건강에 좋도록 몸과 생활 환경을 지키는 것을 말해요. 질병과 환경, 인간의 관계를 이해해 사람들의 건강이 나빠지지 않도록 막는 것이지요. 위생학은 바로 이 위생과 관련된 지식이나 기술을 다루는 학문이에요.

위생의 어원

'위생'은 영어로 하이진(hygiene)이라고 해요. 그리스 신화에 나오는 건강의 여신 히기에이아(Hygieia)의 이름에서 유래한 말이에요. 처음에는 자신의 건강을 지키기 위해 스스로 관리하는 것을 의미하다, 차츰 상하수도를 정비하거나 방역 활동 등을 통해 사회 전체의 생활 환경을 좋게 만드는 개념으로 확장되었어요. 중국 고전 《장자》의 한 구절에 적힌 '위생(衛生)'이란 단어가 '건강을 지키는 것' 이상의 의미를 가지고 있음을 깨닫고 널리 사용하기 시작했다고 해요.

위생은 다음과 같은 활동을 포함해요.

환경 위생
일상생활을 둘러싼 환경을 깨끗한 상태로 만들고 유지하는 일

식품 위생
식품, 식품 첨가물, 용기 등 음식과 관련된 것들이 건강에 미치는 영향을 생각하는 일

보건 위생
식사, 운동, 수면, 휴식 등의 생활 습관이나 지역 특성, 나이 등이 건강에 미치는 영향을 생각하는 일

학교 위생
학교에서 일어나는 활동과 특징들이 아이들의 건강에 미치는 영향을 생각하는 일

산업 위생
일하는 곳의 환경과 그곳에서 일어나는 활동이 건강에 미치는 영향을 생각하는 일

위생학은 언제부터 시작됐나요?

약 4천 년 전부터 '위생'이란 개념이 존재했어요

고대 이집트에서는 물대기와 배수를 위한 상하수도 시설을 만들었으며, 그리스에서는 감염병을 예방하기 위해 개인의 위생에 신경을 썼어요. 기원전 2100년 무렵부터 손 씻는 습관이 있었다는 기록이 있어요. 고대에는 도시의 위생에 신경을 썼고, 중세에는 감염병 예방을 위한 위생에 더 큰 노력을 기울였어요.

위생의 시작

위생은 도시가 발달하고 무역으로 사람들의 왕래가 활발해지면서 생겨난 개념이에요. 감염병이 유행하는 것을 막기 위해 오염된 물이나 대소변을 따로 버리는 등 생활 환경을 깨끗하게 해서 건강을 지키고자 한 것이 위생의 시작이었어요. 이런 위생 활동을 이후에 학문적으로 정리한 것이 위생학이지요.

위생을 위한 노력

위생학이 아직 확립되지 않았던 조선 시대에도 사람들을 오래 살게 하고 나라를 튼튼하게 하기 위해 많은 노력을 기울였어요. 세계적으로 유행하던 천연두나 콜레라 같은 감염병을 예방하고자 여러 가지 대책을 마련했어요. 근대식 의료시설인 제중원을 만들어 방역에 힘썼고, 사람들에게 물을 반드시 끓여 먹도록 했고, 마시는 물을 얻기 위해 한양에 상수도 시설을 설치했어요.

오래전부터 사람들은 건강을 위협하는 것들에 맞서 싸워 왔군요!

위생에 힘쓴 사람들

지석영 池錫永, 1855~1935

우리나라에서 처음으로 우두법을 실시해 당시 무서운 감염병이었던 천연두를 예방하는 데 공을 세웠어요. 천연두를 '하늘에서 내리는 벌'이라고 여기던 백성들에게 '예방할 수 있는 병'이라고 깨닫게 해 줬어요. 우두법을 공부하고 경험한 내용을 꼼꼼하게 정리해 《우두신설》이라는 책을 펴내기도 했어요.

나이팅게일 Florence Nightingale, 1820~1910

영국의 간호사예요. 1854년 크림 전쟁 때 전쟁터에서 병사들을 돌보면서 전투보다 병원의 위생 상태나 영양 부족으로 사망하는 병사들이 더 많다는 사실을 밝혀냈어요. 이 일은 영국의 의료 정책에 큰 영향을 미치게 되었어요.

위생학 이해하기

질병이 없으면 건강한 거예요?

얼굴빛이 안 좋은데, 괜찮아?

응! 어디 아픈 곳은 없어.

날마다 새벽까지 게임을 하느라….

질병이 없다고 해서 건강한 건 아니에요

세계보건기구(WTO)*는 건강을 '신체적·정신적·사회적으로 조화를 이룬 안정된 상태'라고 정의했어요. 단순히 질병이 없거나 허약하지 않다고 해서 건강하다고 말할 수 없다는 거죠. 결국 위생학의 기본은 신체적·정신적·사회적으로 안정된 상태를 만들기 위해 생활 습관이나 주변 환경이 더 나아질 방법을 생각하고 그에 맞게 행동하는 것이에요.

건강과 위생학

몸에 불편이나 질병이 없는 상태를 흔히 '건강하다'라고 생각해요. 하지만 병원에 갈 정도는 아니라도 평소 머리가 아프고 몸이 늘어지는 증상을 가진 사람들이 아주 많아요. 일이나 공부로 무리했거나 잠이 부족했거나 충분한 영양분을 섭취하지 못했기 때문이지요. 이런 증상들은 생활 습관이나 환경을 바꾸면 저절로 괜찮아지기도 해요. 위생학은 건강에 영향을 주는 원인을 탐구하고 개선 방안을 내놓는 일에 큰 기여를 해요.

마음의 병과 위생학

마음의 건강을 '정신 건강'이라고 해요. 최근에는 불면증이나 짜증, 불안과 같은 증상으로 고민하는 사람들이 많아졌어요. 그래서 정부에서도 많은 관심을 가지고 다양한 정신 건강 관련 정책을 만들고 있어요. 마음의 병도 질병이라고 여기고, 마음의 병으로 차별받는 일이 생기지 않도록 세심하게 지원하고 있어요. 마음의 병이 더 큰 문제로 이어지지 않도록 관련 환경을 살피고 정비하는 것도 위생학의 역할이에요.

몸과 마음의 건강, 사회와의 연결 고리를 균형있게 지켜 가는 것이 정말 중요하군요.

사회와 위생학

우리는 혼자 살아가는 것이 아니라 사회 안에서 다른 사람들과 관계를 맺으면서 살아가요. 가정이나 직장 같은 떼려야 뗄 수 없는 곳에서 자기의 역할을 다하면서 자신의 삶을 꾸려요. 위생학은 사회 안에서 자기답게 살 수 있도록 일상생활에서 잘 지내는 법을 알려 주거나 생활 환경에서 줄여야 할 위험 요소를 짚어 줘요. 안전한 환경을 만들고 개인의 삶의 질이 나아지도록 사회 전체의 건강 상태를 살피는 것도 위생학의 역할이에요.

*세계보건기구(WTO)란? 세계 모든 이의 건강을 가능한 최고 수준으로 지키기 위해 만들어진 국제 연합 전문 기구야.

위생학 이해하기

예방이란, 도대체 뭘 하는 거예요?

꾸준히 하는 게 가장 중요해요!

병에 걸리지 않도록 조심하는 일이에요

사람들은 건강하고 안전하게 생활하기 위해 날마다 노력해요. 병에 걸리지 않도록 식생활에 신경 쓰고, 되도록 걷고, 몸에 맞는 적당한 운동을 꾸준히 하면서 건강을 유지하지요. 질병을 일찍 발견해 치료하기 위해 건강 검진을 받기도 해요. 위생학은 아프지 않도록 하거나 병에 걸려도 증세가 더 나빠지지 않도록 꾸준히 예방하는 것을 목표로 해요.

🌟 질병 예방

질병 예방에도 단계가 있어요. 병에 걸리지 않도록 하는 단계, 걸리더라도 진행을 늦추거나 회복하게 하는 단계 등이 그것이에요. 미국의 의학자 리벨(Leavell)과 클라크(Clark)가 연구한 질병의 예방 단계와 각 단계에 알맞은 예방법을 살펴보아요.

질병 예방 3단계

	대상	내용
1차 예방	모든 사람	병에 걸리지 않도록 주의해요. 건강을 유지하기 위한 모든 활동을 의미하며, 예방 접종도 여기에 속해요.
2차 예방	병에 걸릴 위험이 있는 사람	병원에서 진찰을 받아 병을 일찍 발견해 치료해요.
3차 예방	이미 병에 걸린 사람	병을 낫게 하고 다시 병에 걸리지 않게 해요.

🌟 건강 관리

건강 관리란 건강한 상태를 유지하고 질병을 예방하는 일이에요. 음식, 휴식, 운동, 스트레스를 줄이려는 노력 등 일상생활 속 모든 행동에 주의를 기울이는 것이죠.

잠깐! 위생과 건강에 영향을 주는 요인들

이로운 미생물
된장이나 요구르트를 발효시키거나 세균 감염을 막는 등 사람 편에서 활동하는 미생물

- 비피두스균
- 효모
- 유산균

해로운 미생물
질병의 원인이 되는 미생물

- 콜레라균
- 살모넬라균
- 인플루엔자 바이러스
- 노로바이러스

물리적 요인

기온, 습도, 대기, 밝기 등

화학적 요인
식품에 든 영양 성분이나 화학 첨가물, 농약 등

환경
사람들의 생활을 둘러싸고, 건강에 영향을 미치는 여러 요인

생물학적 요인

병원체, 감염병 유행 등

사회적 요인

생활 습관, 직업 등

1장

생활 속 위생학

가정생활 | 학교생활 | 사회생활

손 씻기나 가글은 왜 하는 거예요?

생활 속 위생학

병원체가 몸에 들어오는 것을 막아 줘요

재채기나 기침을 할 때와 코를 풀거나 문지를 때, 이 모든 과정에서 손을 사용해요. 그렇기 때문에 손에는 늘 바이러스나 세균 같은 미생물이 잔뜩 묻어 있어요. 손을 자주 씻으면 손에 묻은 바이러스나 세균이 몸 안으로 들어가기 전에 없앨 수 있어요. 또 가글로 그때그때 입안을 헹구면 목구멍에 달라붙은 바이러스나 세균을 씻어 낼 수 있어요.

손 씻기의 효과

손을 씻기만 해도 세균과 바이러스가 줄어든다는 사실은 이미 여러 연구로 밝혀졌어요. 아래 표로 알 수 있듯이 물로 15초 정도만 씻어도 바이러스 종류는 약 100분의 1로 줄어들어요. 손 세정제를 사용하면 물로만 씻었을 때보다 약 100분의 1이 더 줄고요. 손 씻기가 질병이나 감염병을 예방한다는 사실, 이제 잘 알겠죠?

손 씻는 방법	손에 남아 있는 바이러스
손 안 씻은 상태	약 1,000,000종
흐르는 물로 15초 정도 씻기	약 10,000종
손 세정제로 10~30초 정도 비벼 씻은 뒤 흐르는 물로 15초 헹구기	약 100종
손 세정제로 60초 정도 비벼 씻은 뒤 흐르는 물로 15초 헹구기	몇십 종
손 세정제로 10초 정도 비벼 씻은 뒤 흐르는 물로 15초 헹구기 두 번 반복	몇 종

손을 잘 씻으면 바이러스가 이렇게 많이 줄어드는구나!

🌟 손 세정제로 제대로 씻는 법

밖에서 집으로 돌아왔을 때, 기침이나 재채기가 나왔을 때, 화장실을 사용한 다음, 식사 전, 피를 만지거나 지저분한 것을 만진 다음에는 반드시 손을 씻어야 해요. 물로만 씻으면 바이러스나 세균은 사라지지 않아요. 손 세정제를 사용해 제대로 손을 씻어 주세요.

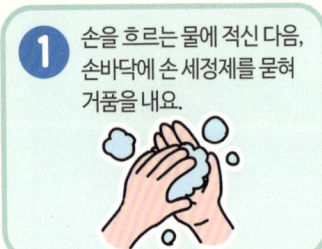

1 손을 흐르는 물에 적신 다음, 손바닥에 손 세정제를 묻혀 거품을 내요.

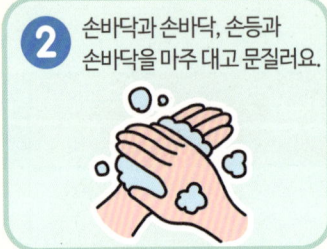

2 손바닥과 손바닥, 손등과 손바닥을 마주 대고 문질러요.

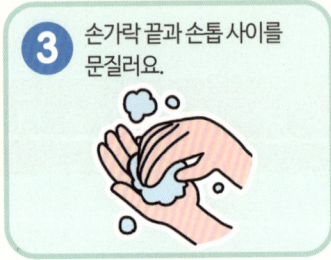

3 손가락 끝과 손톱 사이를 문질러요.

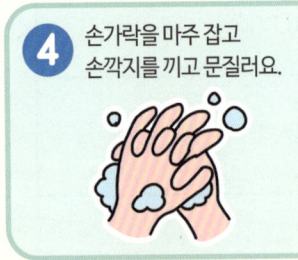

4 손가락을 마주 잡고 손깍지를 끼고 문질러요.

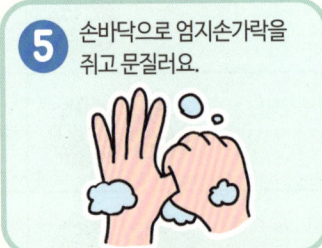

5 손바닥으로 엄지손가락을 쥐고 문질러요.

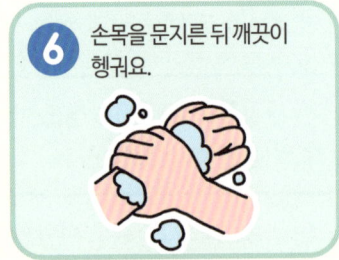

6 손목을 문지른 뒤 깨끗이 헹궈요.

🌟 손 소독제로 올바르게 소독하는 법

알코올이 들어간 손 소독제를 사용할 때는 주의가 필요해요. 손을 씻고 젖은 상태에서 손 소독제를 바르면 알코올 농도가 낮아져 효과가 줄어들거든요. 종이 타월이나 마른 수건으로 물을 완전히 닦아 낸 다음 손 소독제를 사용하세요. 손 소독제는 손 전체를 문지를 수 있는 양이면 충분해요. 손 소독제를 손에 덜 때 펌프용 용기를 끝까지 꾹 눌러 주세요. 그리고 손가락 끝, 손 앞뒷면, 손가락 사이사이 빠짐없이 펴 발라요.

🌟 올바르게 가글하는 법

우리는 숨을 쉬면서 공기 중에 있는 바이러스나 세균을 들이마시게 되지요. 밖에서 돌아왔을 때, 붐비는 사람들 틈을 빠져나왔을 때, 평소보다 목이 답답할 때, 날씨가 건조할 때는 가글을 해 보세요. 입안이나 목구멍에 있는 병원체까지 말끔히 씻어 낼 수 있어요.

1 컵에 물을 부어요. (수돗물도 괜찮아요)

2 컵에 담긴 물 절반을 입안에 넣어요.

3 정면을 보고 입을 오므려 '보글보글' 거품을 낸 뒤 뱉어요.

4 한 번 더 입안에 물을 넣어요.

5 고개를 뒤로 젖히고 입을 벌려 '가글가글'이나 '아' 하고 15초 정도 소리를 낸 뒤 뱉어요.

6 ❺와 같은 방법으로 두세 번 더 가글을 하세요.

> 질병을 예방하기 위해서는 제대로 손 씻고 가글하는 법을 아는 게 중요해!

생활 속 위생학

항균 티슈로 손을 닦으면 균이 없어지나요?

균은 줄어들지만 완벽하진 않아요

식당에서 식사 전에 항균 티슈를 나눠 주기도 하고, 손을 닦으려고 물티슈를 챙겨 다니기도 해요. 항균 티슈나 물티슈는 이물질을 쉽게 닦아 낼 수 있어서 매우 편리하지요. 항균, 제균, 살균 같은 단어의 뜻을 잘 살펴보고 알맞은 제품을 골라 제대로 써 보세요.

✿ 균을 없애다 · 균을 줄이다

소독용 물티슈에는 대개 항균, 제균, 살균 같은 단어가 적혀 있어요. 모두 균과 관련이 있지만 조금씩 의미가 달라요. 균을 완전히 없애 주는 제품은 '멸균'이라고 적힌 것뿐이에요. 소독, 살균, 멸균이라는 표현은 의약품이나 의약외품에만 쓰도록 법으로 정해 두었어요. 멸균 제품은 약품을 넣어 만들기 때문에 물건이나 피부에 닿으면 위험할 수 있어요. 어디에 얼만큼 사용할지 잘 알아본 다음 꼭 필요한 제품을 골라 사용하세요.

	균을 없애는 정도	효과	용도
항균	★☆☆☆☆	최소한의 보호막. 균이 더는 늘어나지 않도록 해요.	양말, 슬리퍼, 주방용 수세미, 도마, 세탁용 세제 등
제균	★★☆☆☆	균을 죽이는 것이 아니라 균이 살기 어려운 환경을 만들어 물건 표면에 있는 균을 없애요.	물티슈, 주방 세제, 주방용 표백제, 알코올 스프레이 등
소독	★★★☆☆	균의 활동을 약하게 하고 몸에 안 좋은 독성을 없애 줘요.	손 소독제, 식탁용 소독 스프레이 등
살균	★★★★☆	균을 죽일 수 있어요. 모든 균을 다 없애지는 못해도 특정 균을 없애거나 균의 수를 줄여요.	약용 비누, 살균 소독제 등
멸균	★★★★★	모든 균을 죽일 수 있어요. 강한 약품을 쓰기 때문에 일상생활에서는 보기 어려워요.	병원에서 사용하는 수술 도구나 주사기 등

생활 속 위생학

씻은 도마나 젖은 행주에는 세균이 없죠?

이야, 깨끗해졌어!

보이지 않는 세균을 오히려 펼쳐 놓고 있다냥~

어제 쓰고 빨지 않은 행주

제균을 제대로 했다면 균이 있을 가능성은 거의 없어요

우리 주변에는 사람의 몸속으로 들어가 병을 일으키는 세균이 아주 많아요. 이런 세균을 포함한 미생물들을 '병원체'라 불러요. 주방에서 도마나 행주를 사용했다면 곧바로 깨끗이 씻고 빨아야 세균의 활동을 막을 수 있어요.

🌟 주방을 깨끗하게

주방은 물을 자주 사용하고 음식이 모여 있어 세균이 살기 좋은 장소예요. 세균은 눈에 안 보일 만큼 작아 주방 구석구석 숨을 수 있어요. 몸 안으로 세균이 들어오지 못하도록 주방에서 사용하는 도마나 행주 등을 씻고 관리하는 법을 알아 두세요.

🌟 중요한 제균과 건조

날고기나 날생선 등을 도마에 놓고 잘랐다면 주방 세제로 도마를 깨끗이 씻은 다음 반드시 균을 없애는 과정을 거쳐야 해요. 시중에 파는 제균 스프레이를 활용해 보세요. 제균한 다음 완전히 말려야 해요. 또 행주에 세균이 붙어 있으면, 식기나 테이블로 균을 옮기기 쉬우니까 행주를 빨 때 **주방용 표백제***를 사용해 세균을 없애 주세요.

🌟 제균하는 법

주방에 세균이 엄청 많다는 사실은 자주 들었어. 깨끗하게 유지하는 습관을 익히고 싶어!

행주
물로 빠는 것만으로는 균을 없앨 수 없어요.

주방용 표백제에 담그기
▶ 헹구기 ▶ 말리기

주방용 수세미
주방용 수세미를 그대로 두면 균이 늘어나요.

주방 세제를 묻혀 거품을 낸 다음 하루 정도 그대로 두거나 주방용 표백제 묻혀 두기 ▶ 헹구기 ▶ 말리기

도마
날고기 등을 잘랐다면 꼭 제균 과정을 추가하세요. 제균할 때는 도마 전체에 제균 액이 골고루 묻을 수 있도록 도마를 수평으로 놓고 뿌려 주세요.

주방 세제로 씻기 ▶ 헹구기 ▶ 주방용 제균 스프레이 뿌려 두기 ▶ 말리기

***주방용 표백제** 표백 성분이 들어 있는 세제로 세균을 없애고, 식기에 묻은 색소나 얼룩을 없애는 효과가 있어.

생활 속 위생학

냉장고나 냉동고에도 세균이 있다고요?

냉장고에 넣어 두면 우선은 안심이지!

그 시각, 냉장고 안에서는…

우리 리스테리아균은 추위에 약한 다른 녀석들과는 차원이 다르다고!

낮은 온도에서도 사는 세균이 있어요

냉장고나 냉동고에 음식을 넣어 보관하는 것은 매우 좋은 방법이에요. 하지만 하루에도 몇 번씩 문을 여닫기 때문에 내부 온도가 일정하지 않죠. 따뜻한 바깥 공기가 들어가면 냉장고 온도가 올라가서 세균이 늘어나기도 한답니다. 냉장고에서도 쉽게 번식하는 세균이 있어서 안심할 수 없어요.

세균이 좋아하는 온도

세균은 종류가 무척 많은 만큼 번식하는 온도도 다 달라요. 50~60℃를 가장 좋아하는 고온 세균, 37℃쯤에서 활동하는 중온 세균, 10~20℃에서 번식하는 저온 세균이 있어요. 중온 세균이 가장 많은 질병을 일으키지만 리스테리아, 에르시니아, 보툴리누스 같은 저온 세균도 간혹 식중독을 일으켜요. 고온 세균은 거의 질병을 일으키지 않아요.

저온에 강한 리스테리아균

리스테리아균은 저온이나 염분이 높은 곳에서 잘 번식해요. 열에 약해서 75℃에서 몇 분간 가열하면 바로 죽어요. 감염되어도 가볍게 앓고 지나가는 경우가 대부분이지만 증상이 심해지면 발열, 몸살, 근육통 등을 일으켜요. 심하면 목숨을 잃기도 해요.

리스테리아균의 주의 사항

리스테리아균은 천천히 늘어나요. 유통 기한이나 품질 유지 기한을 반드시 지키고 이미 개봉한 음식은 빨리 먹으세요. 임산부나 고령자는 특히 주의가 필요해요. 아주 적은 양의 리스테리아균으로도 딜이 닐 수 있고 증상이 심해지기도 하니 상할 위험이 있는 음식은 피하는 게 좋아요.

리스테리아균이 좋아하는 음식
- 치즈 같은 유제품
- 햄 같은 육가공품
- 훈제 연어 같은 어패류 가공품
- 코울슬로 같은 샐러드
- 멜론

※ 가열하지 않고 그대로 먹는 음식은 주의가 필요해요

> 냉장고라고 안심하지 말고, 넣어 둔 음식은 되도록 빨리 먹고 냉장고 안을 깨끗이 해 두어야겠구나.

생활 속 위생학

사용한 그릇은 바로 씻어야 하나요?

네, 바로 씻어야 해요!

미생물은 물과 음식물 찌꺼기, 35℃ 정도의 온도 조건에서 잘 번식해요. 다 먹은 그릇을 그대로 두면 이 조건이 갖춰지기 때문에 미생물이 점점 늘어나지요. 그릇을 쓰고 나면 빨리 씻어 주세요. 세제로 음식물 찌꺼기가 묻은 그릇을 깨끗이 닦고 잘 말려서 물기를 없애면 미생물이 번식하기 쉬운 조건에서 벗어날 수 있어요.

그릇을 물에 담가 두어도 괜찮을까요?

식사를 마치고 곧장 설거지하기 어려울 때, 그릇을 찬물이나 미지근한 물에 담가 두기도 하죠. 오히려 이 방법이 균이 좋아하는 환경을 만들어 주는 거예요. 그릇을 물에 담가 둘 수밖에 없다면 물에 주방용 세제를 풀어 3시간 이내로 씻어야 균이 늘어나는 것을 막을 수 있어요.

효과적인 표백제

그릇에 날음식을 담았다거나 찌든 때가 껴서 신경이 쓰인다면 표백제를 사용해 보세요. 세제로 씻은 다음 표백제에 20~30분 정도 담가 둬요. 흐르는 물로 말끔히 헹군 뒤 물기가 잘 마르는 곳에 두거나 식기 건조기로 말려요. 표백제에 항균 효과가 있어요.

올바른 설거지 방법

균이 생기는 것을 막고 싶다면 그릇이 지저분해졌을 때 바로 씻어 주세요. 그릇을 제대로 씻는 방법을 소개해요.

1. 그릇에 묻은 이물질을 종이 타월로 닦아 내거나 흐르는 물로 가볍게 헹궈요.
2. 주방용 세제를 수세미에 묻히고 충분히 거품을 낸 뒤 문질러 씻어요.
3. 흐르는 물로 말끔히 헹궈요.
4. 물기가 잘 마르는 곳에 두거나 식기 건조기로 완전히 말려요.
5. 잘 말린 그릇은 제자리에 넣어 주세요.

균은 한번 늘어나면 줄이는 게 어렵대.

생활 속 위생학

환기는 왜 하는 거예요?

탁해진 공기를 내보내면 그만큼 맑은 공기가 안으로 들어와.

좋은 공기 냄새가 난다냥~

더러운 공기를 밖으로 내보내고 깨끗한 공기를 안으로 들이는 거예요

공기 중에는 먼지나 병원체가 떠다녀요. 방문을 닫아 두면 먼지나 병원체가 그대로 가라앉거나, 사람이 내쉰 숨 때문에 공기 중 이산화탄소의 양이 점점 많아져요. 환기를 해서 방 안 공기가 순환하면 더러운 공기가 밖으로 나가고 깨끗한 공기가 안으로 들어와요.

환기해야 하는 이유

아파트나 주택 같은 건물은 소리가 바깥으로 새어 나가거나 차가운 공기가 안으로 잘 들어오지 못하도록 짓기 때문에 방 안 공기와 바깥 공기가 순환할 수 있는 틈이 많지 않아요. 그래서 집 안을 환기하지 않으면 탁해진 공기는 그 상태 그대로 계속 집 안에 머물러요.

에어컨이나 공기 청정기

에어컨은 온도나 습도 등을 조절해 실내 환경을 머물기 좋은 상태로 만들어 주는 기계예요. 방 안에 있는 공기를 이용하기 때문에 환기 효과는 없어요. 공기 청정기는 방 안에 있는 공기를 들이마셔 깨끗한 공기로 바꿔 주는 역할을 하지만, 방 전체 공기를 순환시키지는 못해요.

공기가 지나는 길

환기할 때는 멀리 떨어진 창 두 개를 같이 열어요. 창이 멀수록 공기가 방 전체를 지날 수 있어 좋아요. 또 공기가 나가는 창이 더 크게 열려 있으면 좋아요. 한 시간에 두 번, 한 번에 5분 정도 환기하는 것이 적당해요. 창이 한 곳에만 있는 경우에는 선풍기로 바람을 내보내 공기가 지나는 길을 만드는 것도 좋은 방법이에요.

좋은 예
전체 공기가 순환하는 상태

나쁜 예
일부 공기만 순환하는 상태

생활 속 위생학

청소는 왜 하는 거예요?

여기서 뭐 하는 거야?

이불에 있는 진드기를 물리치고 있다냥~

건강에 해를 끼치는 진드기나 곰팡이가 있기 때문이에요

집 안 구석구석 먼지를 없애기 위해 청소를 해야 해요. 먼지 속에는 진드기와 곰팡이가 잔뜩 들어 있어요. 진드기는 고온 다습한 환경을 좋아하는데, 이불이나 카펫을 특히 좋아해요. 또 꽃가루가 많이 날리는 계절에는 꽃가루가 바람을 따라 방 안까지 들어와요. 꽃가루는 알레르기를 일으킬 수 있기 때문에 반드시 청소를 해서 없애야 해요.

진드기

진드기 껍질이나 진드기 부스러기를 들이마시기만 해도 천식, 비염, 피부염 같은 알레르기 증상을 일으키기도 해요. 진드기는 장마철부터 여름 내내 왕성하게 번식하는데, 특히 나무 바닥, 카펫, 이불, 헝겊 인형 등에 살면서 사람의 피부나 비듬, 곰팡이 등을 먹이로 삼아 번식해요. 청소기를 자주 돌리거나 세탁을 자주 하고, 햇볕에 자주 말려 진드기가 더 늘지 않도록 하세요.

곰팡이

곰팡이 역시 진드기와 마찬가지로 습한 장마철에 모습을 드러내는데 욕실이나 창틀, 벽지 등에 주로 퍼져 있어요. 비누 찌꺼기나 피지 등을 먹으며 번식하지요. 물기를 닦거나 환기, 제습 등으로 없앨 수 있어요. 그 밖에 먼지나 피지, 비누 찌꺼기로 인해 생긴 찌든 때도 그때그때 닦아 줘야 해요.

꽃가루

꽃가루는 콧물을 나게 하거나 눈을 가렵게 만들어요. 주로 집 밖에서 집 안으로 들어오는 경우가 많지요. 꽃가루를 없애는 가장 효과적인 방법은 닦아 내는 거예요. 꽃가루는 작고 가벼워 건조한 상태에서는 청소기나 빗자루로 말끔하게 청소하기가 어렵거든요.

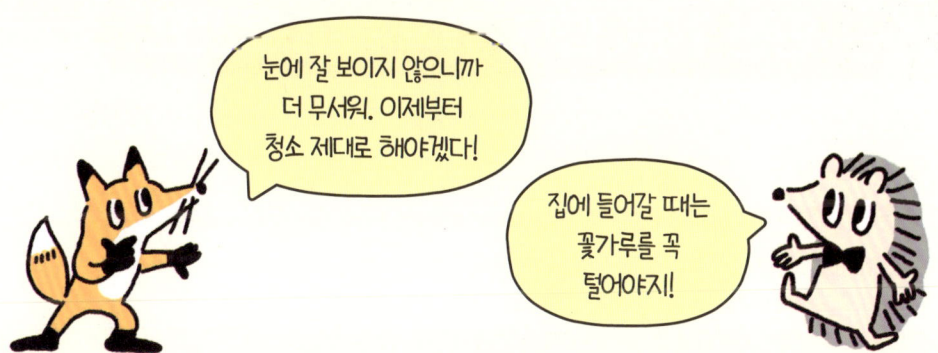

생활 속 위생학

수돗물과 페트병 물은 무엇이 다르죠?

안전 기준, 성분, 가격 등이 달라요

수돗물은 나라에서 관리해요. 우리나라 수돗물은 유엔이 발표한 수돗물 수질지수에서 122개 나라 중에서 3위를 할 만큼 굉장히 깨끗해요. 수돗물을 그냥 마셔도 될 만큼 까다롭게 관리하지요. 페트병에 든 물도 엄격한 관리 기준을 마련하여 꼼꼼하게 관리하고 있어요. 정기적으로 검사하고 또 수시로 검사하면서 페트병 물의 품질과 위생을 점검해요.

수돗물의 특징

강이나 호수에서 끌어온 물은 정수 처리 시설에서 살균 과정을 거쳐 깨끗한 수돗물이 되지요. 물을 살균할 때는 염소라는 약품을 사용하는데, 염소는 살균력이 강해 엄청난 양의 물을 순식간에 깨끗하게 만들어 줘요. 덕분에 수돗물이 병원체에 강하답니다. 하지만 수돗물의 가장 큰 장점은 가격이에요. 2L에 1원도 안 될 정도로 매우 경제적이죠.

다양한 페트병 물

페트병 물도 종류가 있어요. 먼저 물을 끌어온 곳에 따라 지하수, 화산암반수, 해양심층수, 빙하수 등으로 나누고, 처리 방법에 따라 다시 먹는샘물과 혼합음료로 나눠요. 먹는샘물은 자연 샘물에 녹아 있는 미네랄* 성분을 살리기 위해 불순물만 걸러낸 자연에 가까운 물이고, 혼합음료는 보기에는 먹는샘물과 똑같아 보이지만 순수한 물에 다양한 미네랄을 넣은 물이에요. 페트병 라벨을 보면 알 수 있어요.

지하수
빗물이 땅속에 스며들어 땅속 흙이나 암석 따위의 빈틈을 채우고 있는 물이에요.

화산암반수
화산 활동으로 만들어진 땅에서 얻을 수 있는 물로 미네랄이 많이 녹아 있어요. 한라산이나 백두산에 있어요.

빙하수
빙하가 녹은 물이에요. 불순물이 거의 없어요. 동의보감에는 눈이 녹은 빙하수를 납설수라고 부르며 병을 다스리는 데 좋다고 소개했어요.

해양심층수
바다 200m 아래에 있는 물을 잘 걸러서 사람이 마실 수 있도록 만든 물이에요. 미네랄과 영양분이 풍부해요.

어느 지역 물을 사용하고, 어떤 제조 방식으로 만들었는지에 따라 맛이나 영양도 달라.

 *미네랄 몸에 꼭 필요한 영양소로 칼륨, 나트륨, 칼슘, 인, 철 등이 있어.

생활 속 위생학

선생님은 왜 인사할 때 내 얼굴을 뚫어지게 볼까요?

모두 좋은 아침! 어? 너 괜찮니?

네, 괜찮아요….

거짓말 같은데? 무리하면 절대 안 돼!

학생들의 건강 상태를 확인하기 위해서예요

담임 선생님은 아침 인사를 하면서 여러분의 건강 상태를 확인해요. 표정과 움직임을 관찰하면서 다른 날과 변함이 없는지 살핀답니다. 이렇게 날마다 여러분을 관찰하면서 사소한 변화를 알아차리면, 마음이나 몸이 불편할 때 빠르게 대처할 수 있어요.

🌟 건강 상태 파악

집단생활을 하다 보면 허약한 아이, 평소 얼굴빛이 좋지 않은 아이 등 다양한 아이들이 있어요. 담임 선생님은 여러분의 얼굴을 보고 "어디가 안 좋니?", "몸이 불편하니?" 이런 질문을 하면서 빠르게 건강 상태를 파악할 수 있어요. 그래야 상태가 더 나빠지기 전에 재빨리 다음 행동을 결정할 수 있어요.

🌟 감염병 유행 파악

건강 상태가 안 좋아 보이는 아이가 늘어나거나 같은 증상을 보이는 아이들이 몇 명씩 나오면 감염병이 퍼지기 시작하는 신호일 수 있어요. 담임 선생님이 평상시 아이들의 건강 상태를 잘 살피면, 감염병 유행을 금방 알아차려 빠른 대응이 가능해요. 상황을 빨리 파악할수록 감염의 확산을 막거나 피해를 줄일 수 있어요.

🌟 학교 건강 상담

선생님이 아이들을 하나하나 살펴보면서 평소와 다른 몸 상태나 걱정되는 점을 발견하면 따로 아이를 불러 건강 상담을 해요. 무엇이 문제인지 확인하고 회복을 위해 도움을 주는 일이에요. 건강 상담은 필요에 따라 담임 선생님과 보건 선생님, 상담 선생님이 함께할 수도 있어요.

건강한 상태로 학교에 가는 것이 가장 좋지! 조금이라도 몸 상태가 나쁘면 선생님이나 주변 어른들에게 상담해 봐!

생활 속 위생학

건강 검진은 왜 해마다 하는 거예요?

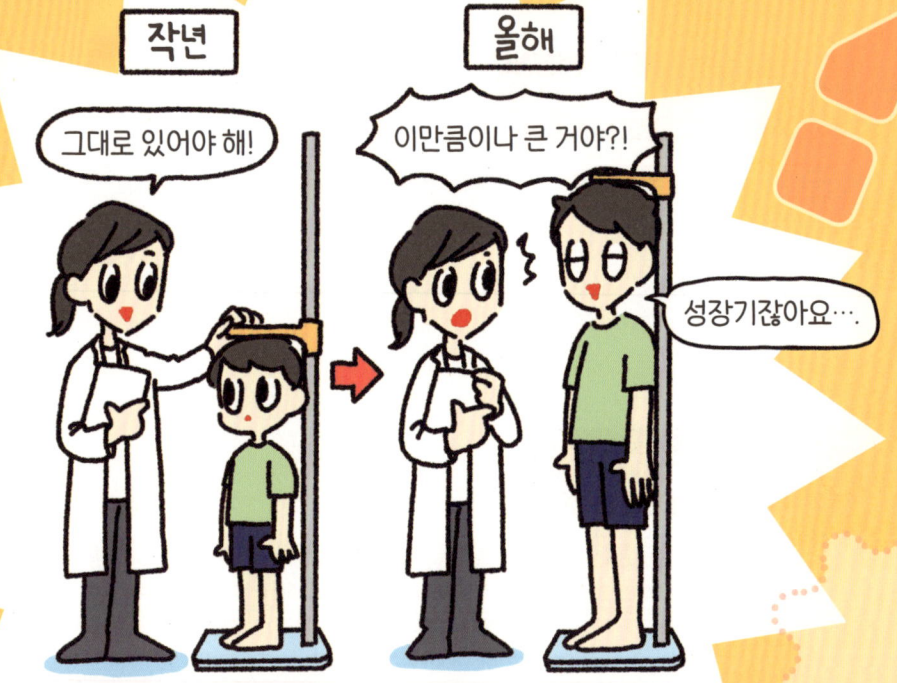

성장을 파악하고 질병을 빨리 확인할 수 있어요

학교에서는 아이들의 성장과 건강을 관리하기 위해 건강 검진을 해요. 해마다 같은 시기에 같은 항목으로 검진을 하는데, 이를 통해 일 년 동안의 변화를 알 수 있지요. 만일 이상이 발견되었다면, 병원에서 제대로 검사를 받아 빠르게 질병을 확인할 수 있게 해요.

건강 검진 항목

학교에서 하는 건강 검진 항목은 키, 몸무게, 비만도, 시력, 청력, 치아 상태, 소변 검사, 혈액 검사 등 학교 보건법*으로 정해져 있어요. 시대 변화에 따라 검진 항목도 조금씩 바뀌어 왔답니다. 예전에는 분변(똥) 검사로 기생충이 있는지도 확인했지만 지금은 위생 상태가 많이 좋아져 없어졌어요. 최근엔 학생들의 정신 건강이 중요해지면서 정신 건강을 위한 검사에 더 신경 쓰고 있어요.

이상이 발견되었을 때

지난해와 비교해서 시력이 많이 떨어졌다면 안과 검진을 권하는 가정통신문을 보낼 수 있어요. 소변 검사로 이상이 발견되었다면 내장 질환이 의심되니 내과 검진을 권하고요. 이처럼 건강 검진 결과를 전달받으면 병원을 찾아 자세한 검사를 할 수 있어 질병의 조기 발견으로 이어져요. 검사 결과가 질병이 아니더라도 생활 습관을 바로잡는 계기가 되기도 해요.

신체 변화를 체크!

키나 몸무게의 변화처럼 자신의 신체 변화를 아는 일은 매우 중요해요. 충치가 있다면 곧장 치과 치료를 받고, 양치질 방법도 바꿔 보세요. 시력이 떨어졌다면 안과에 가서 원인을 찾아볼 수도 있어요. 휴대전화나 TV 보는 방법 등 눈에 좋지 않은 행동을 하고 있는지 점검해 보는 거죠.

> 일상생활 속 습관만 바로잡아도 나아지는 부분이 있어! 자신의 신체 변화를 빠르게 알아채고 대책을 세울 수 있다면 너무 좋지.

*학교 보건법 학생과 선생님의 건강을 지키고 병을 예방하기 위해 학교에서 할 일을 정한 법이야.

'휴교'는 왜 하는 거예요?

감염병이 반 전체로 퍼지는 것을 막아 줘요

감염병은 병원체를 가진 사람이 다른 사람들과 접촉하면서 퍼져 나가요. 학교는 같은 교실에서 반 친구들과 함께 보내는 시간이 길어서 감염병이 퍼지기 쉬운 곳이에요. 감염병 예방과 관리를 위해 집단 감염이 일어날 가능성이 높을 때, 학교는 학교 전체 또는 일부의 수업을 쉬도록 할 수 있어요.

☀ 휴교의 목적

휴교는 감염병이 크게 퍼지지 않도록 하는 것이 목적이에요. 특정 감염병에 걸린 아이들이 늘기 시작했다면 임시로 휴교해 감염자가 더 늘지 않도록 하는 거예요. 휴교 기준이 확실하게 정해진 건 아니지만 감염병 예방과 관리에 필요한 경우 휴교할 수 있어요.

☀ 휴교가 가능한 감염병 종류

모든 감염병 상황에 휴교를 할 수 있는 것은 아니에요. 잠복기*가 긴 감염병은 유행을 알아차릴 때 쯤이면 이미 많은 사람들에게 퍼졌을 테니 휴교가 의미 없어요. 또 인플루엔자나 수족구, 유행성결막염 같은 자주 발생하는 감염병도 휴교에 해당하지 않아요. 메르스나 코로나 같은 치명률이 높은 신종 감염병의 경우에는 한 명의 감염자가 있어도 휴교를 해요.

☀ 휴교 중 생활 수칙

휴교를 했다는 건 감염병이 돌고 있고, 자신도 그 감염병에 걸렸을 가능성이 있다는 의미예요. 별다른 증상이 없었더라도 며칠 이내에 이상 증상이 나타나는 경우도 있어요. 휴교하는 동안에는 외출을 삼가고 집 안에서 조용히 시간을 보내도록 하세요. 몸 상태를 유심히 관찰하고 증상이 나타났을 때는 병원에 가는 등 적절하게 대응하세요.

 ***잠복기** 병원체가 몸 안에 들어가서 증상을 나타내기까지의 기간이에요. 질병마다 다 달라요.

생활 속 위생학

상처는 왜 손으로 만지면 안 되나요?

균이 들어오는 것을 막기 위해서예요

넘어지면서 피부가 쓸리면 혈관이 끊어져 피가 나요. 이때 피를 멈추겠다는 생각에 손으로 상처를 누르면 안 돼요. 손에는 균이 많거든요. 지혈하고 싶을 때는 거즈나 손수건 등을 상처 부위에 대고 그 위를 손으로 눌러 주세요.

✸ 상처 부위는 깨끗하게

상처 부위가 지저분하면 균이 번식하기 좋아요. 균이 번식하면 감염을 일으켜 빨갛게 부어올라요. 점점 통증이 심해지고 염증도 생겨요. 그렇게 되면 상처 치료가 늦어질 뿐만 아니라 상처 주변 피부까지 감염될 수 있어요. 면역력이 떨어진 상태라면 몸 전체로 감염 범위가 넓어질 수 있으니 상처 부위를 깨끗하게 유지하세요.

✸ 직접 피를 만지지 않기

본인의 피는 물론이고 다른 사람의 피 역시 손으로 직접 만지지 마세요. 병원체를 가지고 있는 사람의 피를 만지면 감염병이 옮기도 해요. 또 상처를 치료할 때도 피가 직접 닿지 않도록 조심해 주세요. 손에 있는 균이 상처 부위로 옮겨 가면 상처 부위의 병원체가 늘거나 새로운 감염병에 걸릴 수도 있어요.

✸ 상처 치료법

① 상처 부위에 묻은 이물질을 흐르는 물로 씻어 내요. 이때 손으로 상처 부위를 만지지 마세요.

② 피가 계속 날 때는 상처 부위에 거즈를 댄 뒤 꾹 눌러 줘요. 상처 부위가 심장보다 높이 올라가도록 해 주면 피가 잘 멎어요.

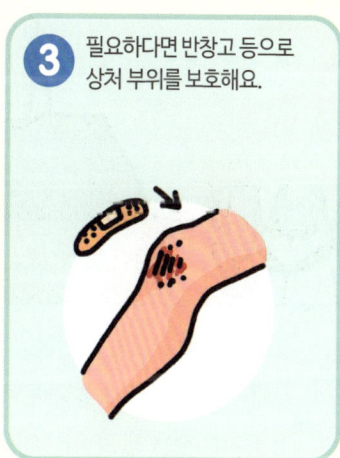

③ 필요하다면 반창고 등으로 상처 부위를 보호해요.

생활 속 위생학

교실이 왜 이렇게 밝아요?

컴퓨터실

눈이 부셔서 글자를 못 읽겠어~

밝아도 너무 밝다왈!

학교 보건법에 교실 밝기를 정해 두었어요

학생들이 학교에서 안전하고 쾌적하게 생활할 수 있도록 학교 보건법을 만들어 세세한 관리 기준을 정해 두었어요. 교실 밝기에도 기준이 있답니다. 학교 보건법에 따르면 교실 조명의 밝기는 책상 위에서 밝기를 쟀을 때 300lx* 이상이 되어야 해요.

교실 밝기

교실은 칠판이나 TV 화면을 보면서 공부하는 장소예요. 밝아야 잘 보이지만, 너무 밝으면 오히려 눈이 부시기 때문에 적당한 밝기가 중요해요. TV 같은 디스플레이 화면의 밝기는 100~500lx예요. 그래서 교실은 300lx 이상, 500lx 이하로 하고 있어요. 어느 각도에서 칠판을 봐도 눈이 부시지 않도록 살피면서 정기적으로 점검하고 있어요.

도서관 밝기

도서관은 의자에 앉아서 책을 읽는 장소예요. 오랫동안 책을 읽는 곳이기 때문에 조명 밝기는 교실보다 조금 어둡게 하는 경우가 많고, 조명 위치는 균일한 간격으로 배치해요. 도서관 밝기는 150~300lx로 정하고 있어요. 신문처럼 글자 크기가 조금 작은 인쇄물을 보는 곳은 300~600lx 사이를 권해요.

조명 위치와 각도

교실의 어느 위치에 있어도 밝기가 일정하고 칠판을 볼 때 눈이 부시지 않도록 여러 가지 조건을 계산해 조명 위치나 종류를 결정해요. 선생님이 교실 전체를 둘러볼 때 아이들 얼굴이 모두 잘 보이도록 조명 각도도 계산하지요.

어느 자리에 앉아도 칠판이 잘 보이는 건 고심해서 설치한 조명 덕분이었어!

*lx '럭스'라고 읽어. 빛의 밝기 정도를 나타내는 단위로 값이 클수록 밝아.

생활 속 위생학

수영장 물은 왜 마시면 안 되나요?

물속에는 온갖 물질이 들어 있어요

수영장은 많은 사람들이 함께 이용하기 때문에 가만히 두면 세균으로 가득해져요. 그래서 수영장 물을 깨끗한 상태로 유지하기 위해 염소로 소독해요. 소독한 물이 입안으로 조금 들어가도 몸에 그리 해롭지 않아요. 하지만 헤어크림이나 자외선 차단제 등을 바르고 수영하거나 몸을 깨끗하게 씻지 않고 수영하는 사람도 있어 물속에 온갖 물질이 들어 있어요. 그렇기 때문에 수영장 물을 삼키지 않도록 조심해 주세요.

수영장에서 냄새가 나는 이유

수영장에 가면 코로 훅 찌르는 독특한 냄새가 있어요. 이를 소독약 냄새라고 생각하는 사람이 많지만, 사실은 그렇지 않아요. 소독할 때 쓰는 염소는 냄새가 날 정도로 농도가 진하지 않거든요. 사람들의 땀이나 소변에 들어 있는 암모니아 성분이 염소와 반응해서 만들어 낸 물질이 냄새의 원인이에요. 수영장에 들어갔다 나오면 눈이 충혈되는 것도 바로 이 물질 때문이에요.

수영장 관리

오염된 물에 들어가 병에 걸리는 일이 없도록 수영장 수질 관리 기준을 마련해 두었어요. 물의 투명도와 수소 이온 농도*, 물에 녹아 있는 염소량과 대장균이 검출되지는 않았는지 등으로 기준에 맞게 수영장 물을 잘 관리하고 있는지 정기적으로 살피고 있어요.

수영장 물의 염소량

법으로 정한 수영장 물의 염소량 기준은 1L에 0.4~1.0㎎이에요. 수돗물은 1L에 0.2~1.0㎎이고요. 수돗물과 수영장 물에 있는 염소량이 크게 다르지 않아요. 수영장 물을 마시면 안 되는 이유는 역시 염소 때문이 아니에요.

수영장 물은 사람이 들어가지 않으면 깨끗하구나. 물을 더럽히지 않도록 들어가기 전에 꼭 화장실에 가고, 샤워도 해야겠어.

*수소 이온 농도 용액 속에 녹아 있는 수소 이온의 농도를 나타낸 값이야. 수소가 많이 녹을수록 값이 커져. 순수한 물은 중성이고, 이보다 큰 값은 염기성, 이보다 작은 값은 산성이지.

생활 속 위생학

누가 가장 먼저 급식을 먹나요?

"개운한 국물과 번갈아 먹으니 맛이 다채롭군."

"맛을 평가해 달라는 게 아닌데…."

영양사 선생님이에요, 음식이 안전한지 확인하는 거예요

아이들에게 급식을 나누어 주기 전에 반드시 선생님이 먼저 먹어 보아야 해요. 음식의 맛, 온도, 이물질, 냄새, 조리 상태 등을 살펴 학생들이 먹어도 안전한지 미리 확인해요. 이 과정을 검식이라고 해요. 검식은 주로 영양사 선생님이 담당하고 있어요.

검식의 목적

급식은 아이들이 먹는 음식이기 때문에 철저한 관리를 위해 검식을 해요. 검식을 하는 목적은 크게 두 가지예요. 먼저 아이들에게 제공하는 음식이 안전한지 확인하기 위해서예요. 학교 급식법*이 정한 항목에 맞춰 검식을 한 다음 일지에 적어요. 또 다른 목적은 식중독이 일어났을 때 원인을 조사하기 위해서예요.

살펴야 할 항목

검식에서 확인해야 할 항목으로는 식사에 이물질이 섞여 있는지, 가열이나 냉장이 잘 되어 있는지, 이상한 냄새나 맛이 나지는 않는지, 1인분 식사량으로 적당한지, 모양이나 크기에 문제는 없는지, 아이들에게 어울리는 음식인지 등이 있어요. 조금이라도 이상한 부분이 있으면 그날은 급식을 멈춰야 해요.

영양사 선생님이 하는 검식

날마다 빼놓지 않고 모두가 먹을 식사를 확인하고 있어요.

1 배식 전에 먹어요.

2 검식 일지에 적어요.

검식 평가표
- ☐ 이물질이 섞여 있지 않은가?
- ☐ 보온이나 냉장 상태가 잘 되어 있는가?
- ☐ 이상한 냄새나 맛이 나지 않는가?
- ☐ 1인분 양으로 적당한가?
- ☐ 모양이나 크기에 문제가 없는가?
- ☐ 아이에게 어울리는 음식인가?

영양사 선생님이 좋아하는 반찬은 뭘까?

*학교 급식법 학생들의 안전을 위해 급식을 엄격하게 관리하기 위해 만든 법이야.

생활 속 위생학

보건 선생님은 수업을 안 하나요?

 **보건 수업을 해요**

보건 선생님은 보건실에서 아픈 아이들에게 응급 처치를 해 줘요. 그 밖에도 아이들의 성장과 발달 수준에 알맞은 내용으로 보건 수업을 진행해요. 또 보건 지도를 위해 학교 안팎의 여러 선생님에게 도움을 구하는 일도 하고 있어요. 보건 선생님 말고도 영양사 선생님, 학교 의사 선생님, 학교 약사 선생님, 상담 선생님 같은 여러 선생님이 학생들의 건강이나 위생 환경을 지키기 위해 애쓰고 있어요.

보건 선생님

보건실에 주로 있으면서 아이들이 학교에서 건강하게 생활할 수 있도록 돕는 선생님이에요. 상처나 질병의 응급 처치 외에도 건강 상담, 건강 진단, 보건 지도, 보건 교육 등을 담당하고 있지요. 학교 보건 정보 관리, 인플루엔자 같은 감염병 예방에 관한 일, 보건실 정비, 학교 전체의 환경 위생 관리 등 무척 많은 일을 담당해요.

학교 보건 관리

보건 선생님은 아이들의 건강 관련 문제를 잘 처리하기 위해 여러 선생님들의 역할을 조정하는 일도 맡고 있어요. 학교 보건 계획을 짜기도 하고 보건 위원회를 운영하기도 하죠. 학교 보건에 관한 모든 일을 관리하고 실행해요.

🌟 영양사 선생님

학교에서 아이들의 식사를 지도하는 선생님이에요. 아이들에게 필요한 영양소와 영양 균형을 고려해 급식 메뉴를 짜고 지역에서 구한 재료를 활용한 음식이나 계절에 어울리는 음식 등을 내놓기도 해요. 급식 관련 소식지를 발행해 음식에 관한 지식이나 정보를 전달하는 역할도 하고 있어요.

🏫 학교 의사 선생님

평소에는 동네 사람들이 다니는 병원을 운영하는 의사 선생님이에요. 내과, 안과, 이비인후과 담당 의사 선생님이 따로 있고, 학교에서 건강 검진을 할 때 학교로 와 주세요. 건강 검진 외에도 학교에서 감염병 유행이 시작되었을 때 어떻게 대처해야 좋을지 등 상황에 맞는 조언을 해 주세요.

✦ 학교 약사 선생님

학생과 교직원의 건강 관리를 지원하고 있어요. 아이들에게 위험한 약물을 안내하고 정신 건강을 관리할 뿐 아니라 학교 환경을 살피고 정비해요. 또 학교에서 사용하는 모든 약품을 관리하고 사용을 지도하고 있어요. 모든 학교에 학교 약사 선생님이 있는 건 아니에요.

동네 약국 약사예요.

학교에서 사용하는 약품도 관리하고 있어요.

아이들의 치아 건강을 관리해요.

동네 치과 의사예요.

✦ 학교 치과 의사 선생님

평소 동네 사람들이 다니는 치과의 의사 선생님이지만, 필요한 상황에 학교 담당 치과 의사로 와 주세요. 치과 진료나 양치질 지도, 치아 건강 상담 등 아이들의 치아 건강을 맡아서 관리하고 있어요.

🌟 상담 선생님

학교에서 학생, 선생님, 보호자에게 상담을 하고 있어요. 학교생활뿐 아니라 친구 관계 또는 선생님과의 관계, 가정 문제 등 다양한 고민거리나 걱정거리를 상담할 수 있어요. 상담 선생님은 전문적인 지식이나 기술을 바탕으로 조언해 줘요.

> 학생들의 걱정거리를 상담해 줘요.

> 상담에 전문적인 지식이 있는 사람이 담당하고 있어요.

🌟 담임 선생님

건강 관련 지식이나 정보를 아이들에게 직접 지도하는 역할을 맡고 있어요. 교실 환기, 온도 조절 등 환경 위생 상태를 유지하거나 개선하는 일도 담임 선생님 몫이에요. 또한 여러분의 건강 상태를 파악하는 일, 몸 상태가 나쁜 친구가 있을 때 보건 선생님과 같이 대처하는 일 등도 하고 있어요.

🌟 교장 선생님·교감 선생님

교장 선생님이나 교감 선생님은 학교 보건 활동의 중심이 되어 보건 목표를 정하고 지도나 감독을 해요. 여러분과 선생님의 건강 상태를 확실히 알고 그에 맞는 시설이나 설비를 갖추고 안전이나 환경 위생 상태를 좋게 만드는 일의 모든 책임을 지고 있어요.

> 많은 사람들이 학교생활에 관여하고 있구나. 안심하고 학교에 다닐 수 있는 것도 그 덕분이었어.

생활 속 위생학

환경 오염이 무슨 뜻이에요?

자연환경이 더러워지는 것을 말해요

인간은 편리하고 쾌적한 생활을 위해 지금껏 다양한 산업을 만들어 냈어요. 자동차가 있어서 사람은 이전보다 더 빠르고 편하게 먼 곳까지 이동할 수 있게 되었죠. 하지만 자동차에서 나오는 배기가스는 공기를 오염시키는 원인이에요. 이처럼 일상생활로 인해 자연환경이 나빠지는 것을 환경 오염이라고 해요.

환경 오염의 종류

대기 오염	수질 오염	토양 오염
공기가 더러워지는 것이에요. 공장에서 나오는 매연이나 자동차 배기가스 등 생활에서 발생하는 가스나 액체가 대기 오염의 원인이에요. 대기 오염이 심각해지면서 지구 온난화* 같은 지구 전체의 변화에도 영향을 미쳐요.	가정이나 공장에서 버리는 물 등이 강이나 호수, 바다 같은 물을 오염시키는 것이에요. 오염된 물이 강이나 바다로 흘러들어 물고기가 병들고, 그 물고기를 먹은 동물도 병들게 되지요. 결국, 우리의 건강에도 영향을 미쳐요.	가정이나 농장, 공장에서 발생한 해로운 물질이 땅이나 지하수에 흘러들어 토양에 쌓이는 것이에요. 생활 쓰레기, 농약, 공장 폐기물 등이 땅을 오염시킬 뿐만 아니라 먹이 사슬 거치는 동안 사람과 가축에까지 해를 끼쳐요.

지구의 미래

사람들은 늘 풍족하게 살기 위해 애써 왔어요. 그러는 동안 자연을 망가뜨리면서 환경을 오염시켰죠. 환경 오염은 지구 온난화, 기후 변화*, 오존층 파괴*처럼 지구에 큰 변화를 가져오고 있어요. 모두가 살기 좋은 지구를 만들기 위해서는 환경 오염을 막아야 해요. 우리가 지구를 위해 무엇을 할 수 있을까요? 전기를 아껴 쓰기, 걷거나 자전거 또는 대중교통 이용하기, 음식물 쓰레기를 배수구에 버리지 않기, 음료수를 남기지 않고 끝까지 마시기, 세제를 조금만 쓰기 등이 있어요. 지금 내가 할 수 있는 일부터 실천해 보아요.

*지구 온난화 지구 전체 대기의 온도가 높아지고 있는 현상이야. 이산화탄소 같은 온실가스가 늘고 있는 게 원인이지.

*기후 변화 기온, 강수량 등이 긴 세월을 거치며 변하는 현상이야. 지구 온난화나 산림 파괴가 가장 큰 원인이지.

*오존층 파괴 오존층은 지구를 둘러싸고 있는 층으로, 태양이 내뿜는 자외선으로부터 지구를 지키는 역할을 해. 에어컨이나 스프레이 등을 사용할 때 발생하는 프로판 가스가 오존층 파괴의 주원인이야.

생활 속 위생학

기름은 왜 배수구에 버리면 안 되나요?

배수관을 막거나 수질 오염을 일으켜요

기름을 배수구에 버리면 배수관을 지나는 동안 식어서 굳어 버려요. 굳어 버린 기름은 배수관 벽에 그대로 달라붙어 관을 막아 물이 흐르지 않고 역류하게 해요. 강이나 바다로 흘러가도 물속에서 분해가 잘 안 되기 때문에 고약한 냄새를 일으키고 물고기에게 나쁜 영향을 미쳐요.

🟠 수질 오염의 원인

배수관으로 흘려보낸 물은 하수 처리장에 모여 깨끗한 물로 정화돼요. 하지만 물속에 기름이 섞여 있으면 정화에 더 많은 물이 필요해 시간과 비용이 몇 배나 더 들어요. 또 기름은 쉽게 분해되지 않기 때문에 강이나 바다로 흘러들어 가게 되면 분해되기 전에 썩어 버려요. 물고기들이 썩은 기름을 먹게 될 수도 있어요.

🟠 기름으로 오염된 물을 깨끗하게 하려면

하수 처리장은 오염된 물을 깨끗하게 만드는 하수 처리 시설을 갖추고 있어요. 생활 배수로 흘려보낸 물은 여러 단계의 정화 과정을 거쳐 안심하고 마실 수 있는 물로 거듭나요. 하지만 50mL 정도의 기름을 배수구에 흘려보냈을 때, 물을 정화하는 데 1,350,000mL 정도의 물이 필요하다고 해요.

🟠 기름을 버리는 올바른 방법

기름은 어떤 종류든 배수구에 버리면 안 돼요.

1 신문지나 쓰고 버린 종이, 기름 흡수 종이 등으로 기름을 빨아들여 일반 쓰레기로 버려요.

2 우유 팩에 식은 기름을 넣고 입구를 단단히 막아 일반 쓰레기로 버려요.

3 기름 응고제를 사용해 굳힌 뒤 일반 쓰레기로 버려요.

> 강이나 바닷물이 오염되면 사람들 건강에도 분명 문제가 나타날 거야.

생활 속 위생학

배기가스가 그렇게 몸에 나쁜가요?

몸에 해로운 물질이 잔뜩 들어 있어요

자동차가 내뿜는 배기가스에는 몸에 해로운 물질이 들어 있어요. 이 배기가스는 대기 오염의 원인이 되기도 하지만, 사람이 계속해서 들이마시면 천식이나 기관지염, 심지어 암 같은 심각한 질병을 일으켜요.

배기가스란?

자동차가 움직이려면 기름이 필요해요. 기름이 자동차 연료로 쓰이면서 배기가스가 발생해요. 이산화탄소(CO_2)를 비롯해 일산화탄소(CO)와 탄화수소(HC), 질소산화물(NOx), 미세 먼지 등이 배기가스에 들어 있어요. 배기가스는 공기를 오염시키고 건강에 나쁜 영향을 미쳐요.

일산화탄소	이 성분이 혈액 중 헤모글로빈과 결합하면 몸속에서 산소를 운반하는 기능이 떨어져요. 너무 많은 양을 마시면 중독 증상이 나타나서 산소 부족으로 죽을 수도 있어요.
탄화수소	햇빛과 반응해 광화학 물질을 만들어요. 이 성분을 들이마시면 눈 가려움증이나 호흡 곤란 같은 증상이 생겨요.
질소산화물	질소와 산소가 만나 만들어진 질소산화물(NOx) 중 고농도 이산화질소(NO_2)를 마시면 목과 기관지, 폐 등에 염증이 생기고 통증과 호흡 곤란을 겪어요.
미세 먼지	자동차에서 나오는 검은 연기에 들어 있어요. 기관지나 목에 염증을 일으키고 암을 일으키는 원인이 되기도 해요.
이산화탄소	공기 중에 있는 물질이지만, 농도가 3~4%를 넘으면 어지럼증이나 두통이 생기고, 7%를 넘으면 중독 증상을 일으켜 죽음에 이르게 해요.

배기가스를 줄이는 방법

배기가스를 줄이기 위해 나라마다 노력하고 있어요. 자동차에 배기가스를 줄이는 장치를 반드시 달도록 하고 오래된 자동차를 폐차하면 지원금을 주기도 하죠. 자동차 회사에서는 석유 사용량을 줄인 하이브리드 자동차나 전기로 움직이는 전기 자동차 등 친환경 자동차를 개발하고 있어요.

생활 속 위생학

타지 않는 쓰레기는 왜 태우면 안 되나요?

발암물질인 다이옥신이 발생하기 때문이에요

다이옥신은 쓰레기를 태울 때 온도가 낮거나 산소가 부족한 상태에서 타게 되면 나오는 성분이에요. 다이옥신이 몸에 쌓일 경우, 암을 일으킬 뿐 아니라 호르몬 이상을 일으키기도 해요. 한번 배출된 다이옥신은 물에 잘 녹지 않아 주변에 그대로 쌓이기 때문에 시간을 두고 주기적으로 검사해야 해요.

다이옥신의 특징

다이옥신은 무색무취의 고체로 물에는 거의 녹지 않지만 기름에는 잘 녹는 성질을 가지고 있어요. 쓰레기를 태우는 소각장 같은 곳에서 주로 생기는 물질로 독성이 높아요. 주변 환경이나 음식에도 아주 미세한 양은 포함되어 있어요.

다이옥신 대책

다이옥신으로 인한 환경 오염은 세계적으로 심각한 문제이기 때문에 철저하게 관리하고 있어요. 우리나라에서도 쓰레기 소각 시설을 만들 때 지켜야 할 기준을 법으로 정하고, 소각장에서 나오는 다이옥신의 양을 주기적으로 검사해요. 또한 다이옥신 하루 허용 섭취량을 정해 두었어요.

다이옥신은 어떻게 사람 몸속으로 들어올까요?

다이옥신은 기름에 쉽게 녹아서 달걀, 고기, 어패류, 유제품 같은 음식으로 우리 몸속에 들어와요. 한번 만들어지면 좀처럼 끊어지지 않는 강력한 구조를 가지고 있어 오래 살아남아요.

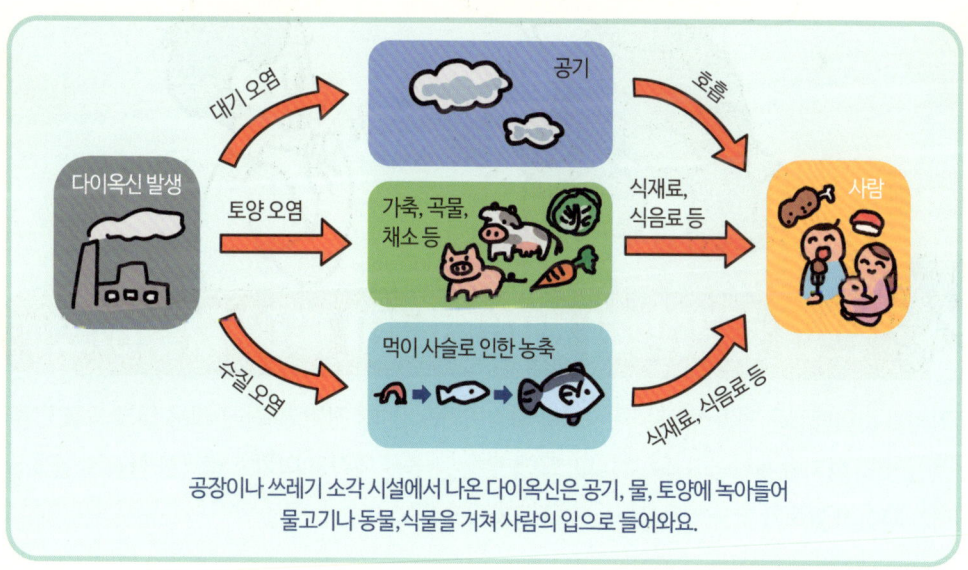

공장이나 쓰레기 소각 시설에서 나온 다이옥신은 공기, 물, 토양에 녹아들어 물고기나 동물, 식물을 거쳐 사람의 입으로 들어와요.

생활 속 위생학

형광등 안에 위험한 물질이 들어 있다고요?

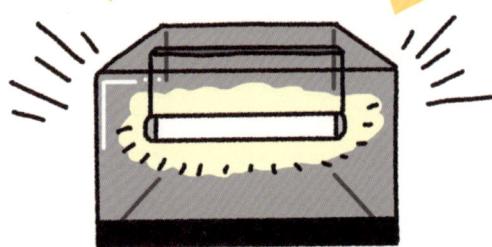

형광등은 사람이 만들어 낸 무시무시한 빛이야. 다시는 사용하지 말거라!

거북이 할아버지 말투가 더 무서워요.

한때 폴리염화 바이페닐이 들어 있었어요

폴리염화 바이페닐은 인공적으로 만든 화학 물질이에요. 한때 전기 제품, 인쇄용 잉크 등을 만들 때 사용했어요. 하지만 폴리염화 바이페닐이 몸에 무척 안 좋은 영향을 미치고 심각한 환경 오염을 일으킨다는 사실이 밝혀져 지금은 사용하는 것을 금지시켰어요.

🟠 인체에 미치는 영향

폴리염화 바이페닐은 사람의 몸에 들어가면 몸 밖으로 잘 나오지 않아 오랜 기간에 걸쳐 몸속에 쌓이게 돼요. 폴리염화 바이페닐에 중독되면 손발톱과 입 등에 색소 침착이 일어나고 손발톱 모양이 변하거나, 뾰루지 등이 생겨요. 일본에서 일어난 가네미 사건*이 대표적인 중독 사례예요.

🟠 제대로 처리하려면

폴리염화 바이페닐 제품은 제대로 처리하지 않으면 대기, 물, 토양이나 생물 안에 남아 환경 오염을 일으켜요. 지금은 폴리염화 바이페닐 제품을 만들거나 수입하지 않지만, 아직 남아 있는 폴리염화 바이페닐 제품을 가지고 있는 사람은 시군구청에 신고해야 하며, 버릴 때도 전문 업체를 통해 처리해야 해요.

🟠 폴리염화 바이페닐을 사용한 제품

한때 살충제, 소화제, 접착제, 변압기나 자동차 부품, 전기절연체 및 각종 테이프 등에 폴리염화 바이페닐이 쓰였어요. 하지만 1970년대 중반 이후 몸에 해롭다는 사실이 밝혀지면서, 생산과 이용이 제한되었고 이후 수입도 금지했어요. 하지만 오래된 가전제품, 일부 형광등 등에 아직 남아 있기도 하고 공업용 장치 등에는 아직 사용하고 있어요.

형광등
공장, 학교, 병원 등 낡은 건물에는 여전히 남아 있어요.

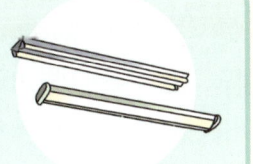

변압기, 콘덴서 등
발전소나 변전소에 있는 변압기에서 주로 사용해요.

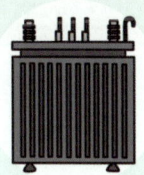

아무리 편리해도 사람의 건강에 나쁜 영향을 미치는 것은 사용할 수 없어! 폴리염화 바이페닐 사용을 금지해야 한다는 움직임이 전 세계로 확대되고 있다고.

*가네미 사건 1968년, 일본 가네미 지역을 중심으로 퍼진 유행성 식중독이야. 쌀기름을 만드는 공장에서 사용한 폴리염화 바이페닐과 다이옥신이 원인이었어. 사람들 대부분이 피부 색소 침착, 눈부음, 가려움증, 두통, 손발톱 변색 및 변형 같은 중독 증상을 호소했고, 이런 증상으로 고통을 겪는 사람들이 여전히 남아 있어.

생활 속 위생학

지구 기온이 높아지면 어떻게 되나요?

열사병이나 감염병에 걸리는 사람이 늘어나요

지구 온난화의 가장 큰 영향은 지구 기온이 높아지는 거예요. 기온이 높아지면 지구 환경이 변하지요. 환경 변화로 농작물이 자라지 않기도 하고 동물 수가 줄어들기도 해요. 사람에게 미치는 영향도 매우 커요. 무더위로 열사병에 걸리는 환자가 늘어나고 병원체가 자라기 쉬운 환경이 되어 감염병에 걸릴 위험도 증가해요.

✲ 지구 온난화의 원인

우리는 일상생활을 하면서 이산화탄소 같은 온실가스*를 많이 배출해요. 많은 양의 온실가스가 태양 빛으로 달궈진 지구 표면의 열을 흡수하면 지구 전체가 온실처럼 따뜻해져서 기온과 바닷물 온도가 올라가요.

✲ 사람에게 미치는 영향

기온이 높아지면 무더위나 한밤중에도 무더운 열대야 현상이 자주 일어날 뿐 아니라 열사병에 걸리는 사람들도 많아져요. 또 폭우가 잦아지고 강수량이 늘어나는 등 자연재해가 일어나기 쉬운 환경이 돼요. 물 온도가 높아지면 물속에 세균이 늘어나고 병원체가 자라기 쉬운 환경이 되면서 감염병에 걸릴 위험도 커져요. 또한, 달라진 환경 때문에 식물이나 물고기가 살 수 없게 되어 식량 부족이 일어날 수도 있어요.

✲ 지구 온난화 방지

지구 온난화를 멈추려면 이산화탄소 같은 온실가스 배출량을 줄이는 게 가장 중요해요. 일상생활에서 냉난방할 때, 가스를 사용해 조리할 때, 전기 제품이나 자가용을 이용할 때 온실가스가 배출되고 있어요. 평소 에너지 사용을 조금이라도 줄이고, 더 노력할 수 있는 부분을 찾아 실천해 보세요.

- 사용하지 않는 전등은 확실히 꺼 둬요.
- 냉난방기는 여름에는 1도 높게, 겨울에는 1도 낮게! 또한 에너지 효율이 높은 제품을 사용해 에너지를 낭비하지 않도록 해요.
- 자가용 이용 횟수를 줄이고 자전거나 버스, 지하철을 이용해요.
- 식물을 길러요.

"한 사람, 한 사람의 노력이 필요하겠어."

 *온실가스 지구 대기를 오염시켜 온실 효과를 일으키는 가스로 이산화탄소, 메탄 가스 등이 있어.

생활 속 위생학

보건소는 뭐 하는 곳이에요?

지역 주민들의 건강과 환경을 돌보는 곳이에요

보건소는 지역 주민들의 건강과 환경을 돌보기 위해 행정 구역마다 설치된 공공 의료 기관이에요. 2020년 기준 전국에 3,500개 정도 있어요. 의사, 치과 의사, 한의사, 수의사, 간호사, 치위생사 등 다양한 전문가가 주민의 건강과 환경을 지키고 있어요.

보건소의 역할

보건소는 지역 의료 기관으로 지역 전체의 건강 문제를 다루는 곳이에요. 감염병과 질병을 예방하기 위한 활동과 진료를 하고요. 주민의 건강과 관련한 정보와 자료를 관리하고 식품 위생과 공중위생을 위한 일이나 학교의 보건 활동에도 참여하고 있어요. 노인과 장애인의 위한 활동과 여성의 임신과 출산을 돕는 일도 하고 있어요. 성인병 예방이나, 금연 같은 주민 건강 프로그램을 운영하는 등 보건을 위한 다양한 활동을 맡아서 하고 있어요.

건강 문제를 해결하기 위해서는 지역 의료 기관과 지역 사회, 지역 주민과의 협력이 무엇보다 중요하겠구나.

보건소장

보건소장은 보건소의 모든 일이 잘 굴러갈 수 있도록 살피는 일을 해요. 또한 의사로서 관련 문제를 판단하거나, 다른 직원에게 조언해야 할 경우도 있지요. 감염병 같은 집단 감염이 발생했을 때는 보건소 안에 대책 본부를 만들고 책임을 맡아요. 지역 건강 문제를 살피고 해결하기 위해서는 지역의 여러 기관들과 머리를 맞대고 협력하는 일도 해요.

보건소 소장님도 의사 선생님이에요

병원과 협력해 지역 의료를 정비하기도 해요

🌟 보건 영양사

영양 및 공중위생 지식을 살려 활동해요. 마을 주민들의 올바른 식생활을 돕기 위해 다양한 활동을 해요. 영양 상담과 영양 교육을 진행하고 주민의 건강과 영양 상태를 분석해서 도움이 될 수 있는 대책을 세우고 실천으로 옮기는 일을 하고 있어요.

🌟 보건 전문가

간호와 공중위생 지식을 살려 일하고 있어요. 평소 사람들이 건강에 관심을 가질 수 있도록 학교, 보건소, 노인 요양 시설 등으로 찾아가 건강 교육을 하기도 해요. 감염병이나 식중독이 발생했을 때는 다른 직원들과 팀을 이뤄 원인을 조사하는 일을 해요. 또한 감염자나 그 가족에게 상담을 해 주고 조언이나 건강 관련 지도를 하기도 해요.

감염병 확대를 막기 위해 노력하고 있어요

🌼 소비자 식품 위생 감시원

식품 위생 지식을 살려 지역 주민의 건강을 지키는 일에 앞장서요. 음식점과 숙박 시설 등을 찾아가 위생 관리를 제대로 하고 있는지, 유통 식품의 표시 기준이 올바른지, 과대광고를 하고 있는지 등을 점검하여 위반 사실이 있으면 신고하거나 자료를 관련 부서에 제공해요.

우리 동네 보건소 찾기

우리 동네 보건소 위치를 찾아보고 보건소에서 제공하는 다양한 정보와 의료 서비스를 알아보세요.

www.g-health.kr 🔍

여러 분야의 전문가가 보건소에 모여 지역 사람들의 건강을 지원하고 있구나.

잠깐! 지구 온난화와 질병

기상청 자료에 따르면 100년 동안 우리나라의 평균 기온이 2.5℃ 정도 높아졌어요. 이대로 100년 정도 지나면 기온이 7℃ 정도 더 오르게 되어 추운 날은 모두 사라지고 더운 날이 지금보다 세 배쯤 늘어날 것이라고 해요.

지구 온난화로 기온이 오를수록 병원체나 병원체를 옮기는 모기의 활동이 활발해져 식중독과 말라리아 같은 감염병이 늘어요. 모기가 훨씬 북쪽까지 올라오고, 활동하는 기간도 늘어나면서 모기가 옮기는 감염병의 발생 지역이 더 넓어지지요. 이뿐만이 아니에요. 가뭄이 자주 발생하고 농작물에 피해를 주는 벌레도 늘어나 농작물이 자라기 어려워져요. 이렇게 되면 식량 부족으로 굶어 죽는 사람이 많아지게 되지요. 이처럼 지구 온난화와 질병은 큰 관련이 있어요. 우리가 지구를 위해 할 수 있는 일을 고민하고 위생학에 관심을 가져야 할 까닭이 여기에 있어요.

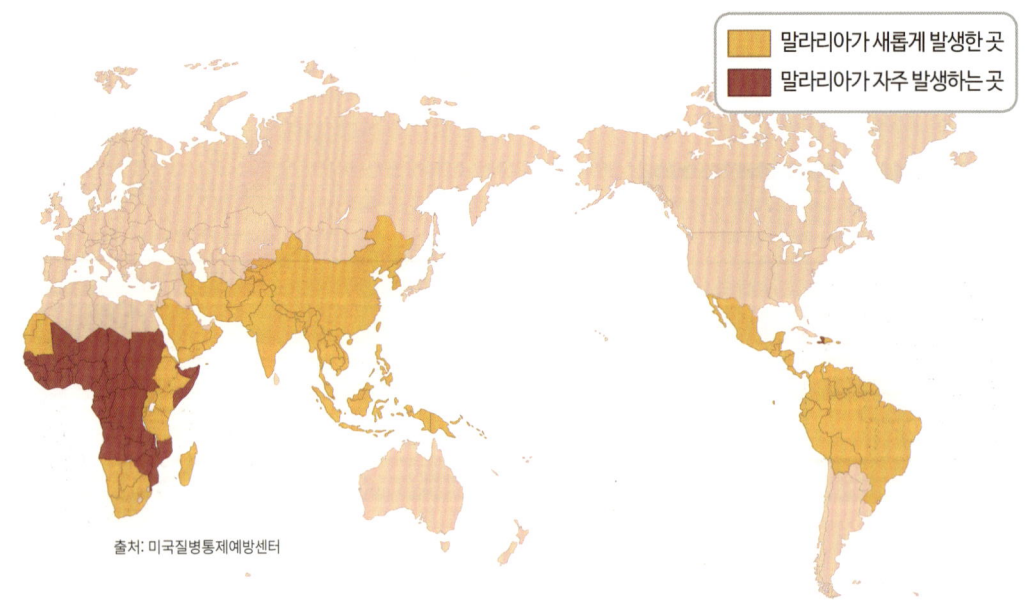

출처: 미국질병통제예방센터

2장
감염을 막아 주는 위생학

감염의 성립 | 감염병의 종류 | 감염 유행과 팬데믹 | 감염병의 예방

감염을 막아 주는 위생학

감기는 왜 걸리는 거예요?

이렇게 하면 감기 안 걸리는 거 아냐?!

마스크가 그렇게 작으면 의미가 없어….

병원체가 몸 안으로 들어와 번식하기 때문이에요

감기에 걸리는 원인의 80~90%는 바이러스 때문이에요. 바이러스 같은 병원체가 코나 입, 목 점막에 달라붙어 번식하거든요. 병원체가 늘어나면 몸은 병원체들을 없애기 위해 싸워요. 그 과정에서 열이 나고 점막이 빨갛게 붓고 통증이 나타나기도 하죠.

증상

감기에 걸리면 콧물이나 코 막힘, 목 통증, 발열 같은 증상이 나타나죠. 병원체의 종류나 번식하는 장소, 사람의 몸 상태에 따라서 드러나는 증상이나 상태의 심각성도 달라요. 참고로 감기와 같은 증상을 보여도 다른 질병인 경우도 있기 때문에 증상이 나아지지 않거나 심해지면 꼭 병원을 가야 해요.

예방법

감기의 원인이 되는 병원체가 몸 안으로 들어오지 않게 하는 게 중요해요. 외출할 때는 마스크를 쓰고 집에 돌아오면 양치질을 하고 손을 씻어야 해요. 감기에 무너지지 않는 몸을 만드는 것이 가장 좋아요. 푹 자고 잘 챙겨 먹고 운동을 하는 등 규칙적인 생활을 하며 면역력을 높이세요.

어떻게 감기에 걸릴까요?

감기 바이러스가 몸 안에 들어와 번식하면 감기에 걸려요. 감기는 누구라도 걸릴 수 있는 병이죠. 감기인가 하는 생각이 들면 집에서 푹 쉬고 수분을 충분히 섭취하세요.

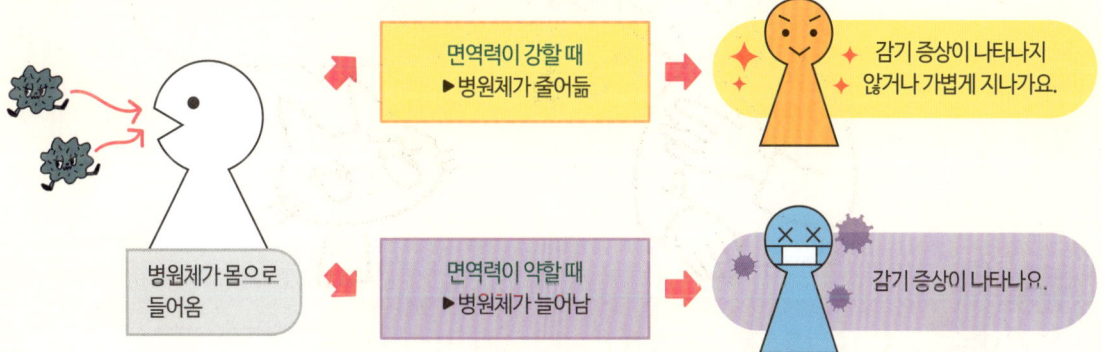

밤늦게까지 자지 않거나 균형이 무너진 식사를 하는 등 불규칙한 생활은 건강에 좋지 않아.

감염된다는 건 무슨 뜻이에요?

감염을 막아 주는 위생학

재채기를 해도 주변에 아무도 없으면 되겠지?

재채기 말고도 다른 방법으로 옮을 수 있다옹

병원체가 옮는다는 뜻이에요

감염된다는 것은 바이러스나 세균 등 병원체가 몸 안으로 들어와서 번식하기 좋은 장소에 자리를 잡고 병을 퍼뜨린다는 뜻이에요. 원인균에 따라 옮기는 병이 있고 아닌 것도 있죠. 감염되는 질병 중에서도 원인균이 무엇이냐에 따라 균을 옮기는 방식이 달라요.

감염과 증상 발현

병원체가 몸 안에 들어와 감염되어도 증상이 바로 나타나지 않을 수 있어요. 감염된 다음 몸 안에서 병원체가 더 많이 불어나 열이 나는 등 증상이 나타나는 것을 '증상 발현'이라고 해요. 감염되고부터 증상이 발현되기까지 시간이 걸리는데, 이를 잠복기라고 불러요. 병원체 종류에 따라 잠복기는 다 달라요. 감염이 되거나 아니거나, 증상이 발현되거나 아니거나 하는 것도 사람의 면역력에 따라 달라요.

감염 조건

감염이 되려면 감염원, 감염 경로, 감수성 이 세 가지 조건이 필요해요. 감염원이란 바이러스 같은 병원체를 가진 음식이나 사람, 동물 등으로 감염의 근원이 되지요. 감염 경로는 병원체가 감염원으로부터 사람에게 옮겨 가는 모든 과정을 뜻해요. 접촉 감염, 공기 감염, 비말 감염 등이 있어요. 감수성은 감염되기 쉬운 정도를 의미해요.

예방법

감염병을 예방하기 위해서는 먼저 감염원과 닿지 않는 게 중요해요. 감염병에 걸린 사람과 만나지 말고 만약 본인이 감염되었다면 다른 사람과 만나지 않도록 해 주세요. 또 마스크를 항상 쓰고 양치질이나 손 씻기를 자주 하면 감염 경로를 차단할 수 있어요. 꼭 습관을 들여 주세요.

내가 감염되지 않도록 주의할 뿐 아니라, 다른 사람에게 옮기지 않도록 조심해야 해.

감염병은 어떻게 옮는 거예요?

감염을 막아 주는 위생학

> 2층 침대에서 잤더니 둘 다 감기에 걸렸어.

> 수직 감염인 건가….

> 여기서 수직은 그런 의미가 아니야….

수평 감염과 수직 감염이 있어요

감염병은 병원체가 사람이나 물체에서 또 다른 사람에게 이동하면서 옮아요. 병원체가 몸 안으로 들어오는 감염 경로는 크게 두 가지예요. 수평 감염과 수직 감염이에요. 병원체 종류에 따라 감염 경로가 달라요.

수평 감염

수평 감염은 병원체가 사람이나 물체에서 다른 사람에게로 퍼지는 감염으로 여러분이 걸린 감염병 대부분이 수평 감염에 해당해요. 크게 다섯 가지로 나눌 수 있어요. 감염원과 직접 닿아 걸리는 접촉 감염, 기침이나 재채기로 날아든 침 따위를 흡입해 걸리는 비말 감염, 공기 중에 떠돌던 감염원을 들이마셔 걸리는 공기 감염, 입을 통해 병원체가 몸 안으로 들어오는 경구 감염, 오염된 물이나 음식, 벌레로부터 옮는 매개체 감염이 있어요.

수직 감염

수직 감염은 엄마가 아기에게 옮기는 감염이라 모자 감염이라고도 해요. 엄마와 아기는 항상 함께하기 때문에 감염병이 옮기 쉬워요. 아기가 처음 배 속에서 자랄 때부터 병원체를 가지고 있는 경우와 임신 중에 감염되는 경우가 있는데요, 임신 중에 엄마가 감염병에 걸리면 아기에게 영향을 미쳐요.

엄마는 임신 중에 면역력이 떨어지므로 감염병에 걸리기 쉬워.

🌸 감염 경로의 종류

병원체 종류에 따라 감염 경로가 다 다르죠. 어떤 감염 경로가 있는지 살펴볼까요?

🌸 수평 감염

접촉 감염
감염된 사람의 침을 직접 만졌거나 감염자가 만진 손잡이나 타월 등을 만진 손으로 눈이나 코, 입 점막*을 만져서 몸 안으로 병원체가 들어와 감염되는 경우예요.

대표적인 감염병
노로바이러스 감염병, 인플루엔자, 급성 출혈성 결막염 등

예방법
손 씻기, 다른 사람이 자주 만지는 곳의 세균을 완벽하게 차단하기

비말 감염
감염병에 걸린 사람이 기침이나 재채기를 할 때 주변에 병원체가 사방으로 튀지요. 기침, 재채기로 병원체가 튈 수 있는 거리는 약 2m 정도로 알려졌는데, 이렇게 튄 병원체를 가까이에 있는 사람이 들이마셔서 감염되는 경우예요.

대표적인 감염병
인플루엔자, 백일해, 유행성 이하선염 등

예방법
양치질, 마스크 잘 쓰기

공기 감염
공기 중에 있는 병원체를 들이마셔서 감염되는 것이에요. 기침이나 재채기의 수분 속에 병원체가 있는데, 수분이 증발하면서 작고 가벼운 병원체 입자가 공기 속에 남아 오래 머물면서 몸 안으로 들어와요.

대표적인 감염병
결핵, 홍역, 수두, 인플루엔자 등

예방법
가습기로 습도 조절, 환기 자주 하기

경구 감염
병원체가 묻은 음식이나 음료수를 먹었을 때 옮는 감염이에요. 대표적인 경구 감염으로 식중독이 있어요. 감염된 사람이 가지고 있던 병원체를 만져서 그것이 입을 통해 몸 안으로 들어오는 경우도 있어요.

대표적인 감염병
노로바이러스, 장 출혈성 대장균 감염증, 살모넬라 감염증 등

예방법
요리나 식사 전에 손 씻기, 음식을 충분히 가열하기

*점막 콧속, 입안, 눈처럼 피부로 덮이지 않아 촉촉하고 부드러운 부분이야.

수직 감염

매개체 감염

오염된 물, 음식, 혈액이나 곤충 등을 통해 병원체에 감염되는 경우예요. 매개체는 병원체가 아니지만 병원체를 옮기는 역할을 해요. 그렇게 병원체를 지닌 매개체와 접촉했을 때 감염돼요.

대표적인 감염병
콜레라, 말라리아 등

예방법
손 씻기나 소독, 다른 사람의 피를 직접 만지지 않기

태내 감염
아기가 엄마의 배 속에 있는 동안 감염되는 경우예요.

대표적인 감염병
풍진 등

산도 감염
아기가 태어날 때 분만 중 감염되는 경우예요.

대표적인 감염병
B형 간염, HIV 감염증 등

모유 감염
태어난 아기가 모유에 포함된 병원체로 인해 감염되는 경우예요.

대표적인 감염병
성인 T세포 백혈병, HIV 감염증 등

균이 옮는 방식도 이렇게 다양하구나.

감염을 막아 주는 위생학

바이러스가 세균이에요?

바이러스와 세균은 크기와 구조가 달라요

"손에 세균 엄청 많아"라는 말을 들어 본 적 있지요? 여기서 세균은 병원체를 뜻해요. 병원체란 질병의 원인이 되는 미생물을 한꺼번에 표현한 단어예요. 미생물에는 바이러스, 세균, 곰팡이 등이 있어요. 미생물은 크기가 너무 작아서 눈으로 볼 수 없어요.

질병을 일으키는 미생물의 종류

미생물 중에는 요구르트나 김치를 만드는 데 필요한 유익한 미생물도 있지만, 감기 같은 질병을 일으키는 해로운 미생물도 있어요. 그게 바로 바이러스, 세균, 곰팡이예요.

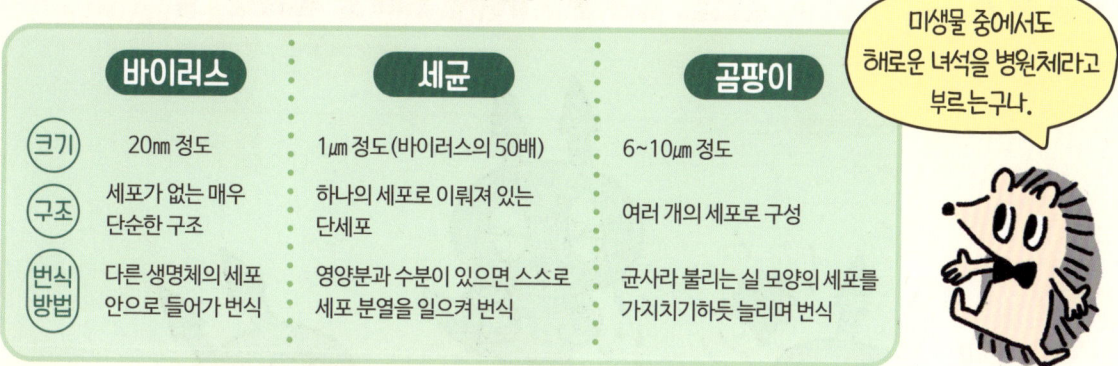

미생물 중에서도 해로운 녀석을 병원체라고 부르는구나.

바이러스, 세균, 곰팡이 비교

바이러스, 세균, 곰팡이는 크기나 구조가 다르고 번식하는 방법에도 차이가 있어요.

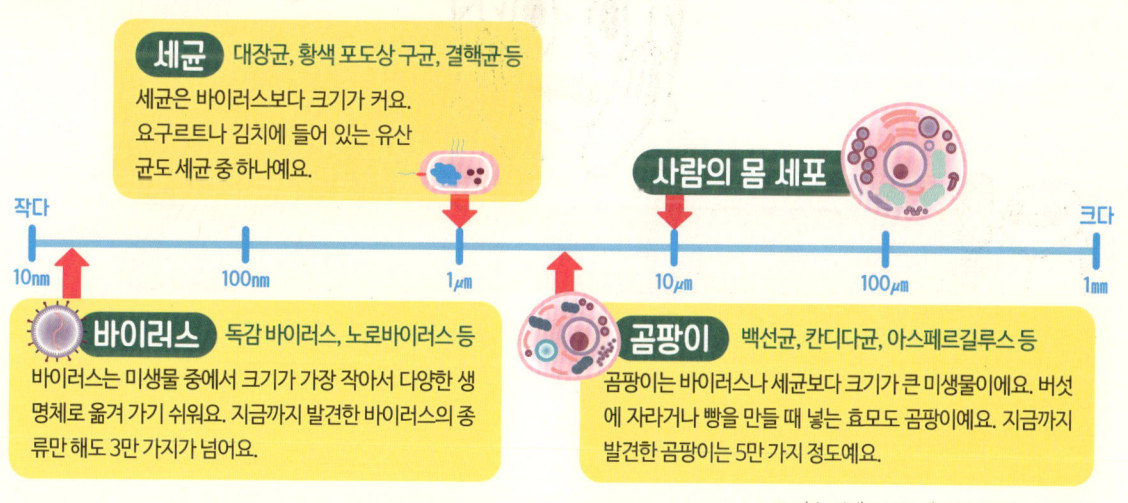

• 1nm(나노미터) = 0.001㎛(마이크로미터) = 0.000001mm

감염을 막아 주는 위생학

감염병에는 어떤 것들이 있나요?

이렇게나 많다고?!

병원체 수만큼 다양한 감염병이 있어요

전 세계 곳곳에 수많은 병원체가 살고 있으며 그 수만큼 감염병 종류도 다양해요. 감염되는 방식이나 감염력도 감염병마다 달라요. 그래서 감염병을 위험한 정도에 따라 분류하고 거기에 맞게 대응하는 방법을 정해 두었어요.

법정 감염병

우리나라는 감염의 위험한 정도와 전파 속도에 따라 감염병을 4개의 등급으로 나누고, '법정 감염병'이라고 이름을 붙여 법으로 관리하고 있어요. 1급 감염병이 가장 위험해요. 해외를 다녀온 다음 열이 나거나 평소와 다른 증상이 나타나면 반드시 병원에 가서 진단을 받아야 하고 진단 결과 감염병에 걸렸다면, 감염병을 진단한 의사 선생님은 반드시 보건소에 신고해야 해요.

학교의 대응

학교에서도 감염병의 위험한 정도에 따라 대응하는 방법이 달라요. 증상이 나타나는 아이들을 등교 중지를 시키거나 휴교가 필요하다고 판단되면 보건소와 협의를 거쳐 휴교를 결정할 수 있어요.

휴교 기준

전파를 차단해야 하는 상황

인플루엔자, 수족구병, 유행성각결막염 등 아이들이 자주 걸리는 감염병에 대해서는 전파 차단을 위해 휴교하지 않아요. 아이들이 감염병에 걸릴 때마다 휴교하면 학교가 문을 닫는 날이 더 많을 테니까요. 신종 감염병 같은 심각한 감염병으로 정부의 방침이 있는 경우에는 학교에 단 한 명의 감염자가 발생해도 감염병의 전파를 차단하기 위해 휴교해요.

학교가 기능을 할 수 없는 상황

감염병의 종류와 관계없이 학교를 나올 수 없는 학생이 너무 많아 정상적인 수업이 어렵게 되면 교장 선생님과 관련 기관들이 서로 의논해서 휴교를 결정할 수 있어요.

휴교 기준의 예

- 1개 반에서 일정 수준 이상의 학생들이 감염 ▶ 학급 등교 중지
- 1개 학년 중 2개 학급 이상 등교 중지 ▶ 학년 등교 중지
- 전체 학년 중 2개 학년 이상 등교 중지 ▶ 학교 전체 휴교

감염병에 걸리면 의사에게 진찰을 받고 나서 바로 학교에 연락하자.

우리나라의 법정 감염병

제1급 감염병

특징
생물 테러 감염병 또는 사망률이 높거나 집단으로 발생할 우려가 커서 발생 또는 유행 즉시 신고하고 음압 격리*가 필요한 감염병

종류 17가지
에볼라바이러스병, 마버그열, 라싸열, 크리미안콩고출혈열, 남아메리카출혈열, 리프트밸리열, 두창, 페스트, 탄저, 보툴리눔독소증, 야토병, 신종감염병증후군(신종코로나바이러스감염병), 중증급성호흡기증후군(SARS), 중동호흡기증후군(MERS), 동물인플루엔자 인체감염증, 신종인플루엔자, 디프테리아

제2급 감염병

특징
전파 가능성을 고려하여 발생 또는 유행 24시간 이내에 신고하고 격리가 필요한 감염병

종류 21가지
결핵, 수두, 홍역, 콜레라, 장티푸스, 파라티푸스, 세균성이질, 장출혈성대장균감염증, A형간염, 백일해, 유행성이하선염, 풍진, 폴리오, 수막구균 감염증, b형 헤모필루스인플루엔자, 폐렴구균 감염증, 한센병, 성홍열, 반코마이신내성황색포도알균 감염증, 카바페넴내성장내세균속균종 감염증, E형 간염

***음압 격리** 호흡기 매개 감염병 환자를 격리하는 방법이야. 병실 안의 압력을 병실 밖보다 낮게 유지해 공기가 병실 안에서만 흐르도록 만든 특수한 병실에 환자를 두는 거야.

제3급 감염병

특징
발생 또는 유행 시 24시간 이내에 신고하고 발생을 계속 감시할 필요가 있는 감염병

종류 26가지
파상풍, B형 간염, 일본뇌염, C형 간염, 말라리아, 레지오넬라증, 비브리오패혈증, 발진티푸스, 발진열, 쯔쯔가무시증, 렙토스피라증, 브루셀라증, 공수병, 신증후군출혈열, 후천성면역결핍증, 크로이츠펠트-야콥병 및 변종크로이츠펠트-야콥병, 황열, 뎅기열, 큐열, 웨스트나일열, 라임병, 진드기매개뇌염, 유비저, 치쿤구니야열, 중증열성혈소판감소증후군, 지카바이러스 감염증

제4급 감염병

특징
제1~제3급 감염병 외에 유행 여부를 조사하기 위해 표본 감시 활동이 필요한 감염병

종류 23가지
인플루엔자, 매독, 회충증, 편충증, 요충증, 간흡충증, 폐흡충증, 장흡충증, 수족구병, 임질, 클라미디아감염증, 연성하감, 성기단순포진, 첨규콘딜롬, 반코마이신내성장알균 감염증, 메티실린내성황색포도알균 감염증, 다제내성녹농균 감염증, 다제내성아시네토박터바우마니균 감염증, 장관감염증, 급성호흡기감염증, 해외유입기생충감염증, 엔테로바이러스감염증, 사람유두종바이러스 감염증

감염을 막아 주는 위생학

동물에게 옮는 감염병도 있나요?

아! 귀여워~ 자, 뽀뽀~ ♥

나도 니가 너무 좋지만, 그건 안 될 것 같아. 왕왕!

네, 있어요!

사람이 동물로부터 옮는 감염병을 '동물원성 감염병'이라 불러요. 병원체에 따라 사람과 동물 모두에게 증상이 발현되기도 하고, 감염되었어도 동물이 아닌 사람에게만 증상이 나타나기도 해요. 모든 동물원성 감염병이 사람에게 위험하지는 않아요.

감염 경로

동물원성 감염병은 사람과 사람 사이에서 옮는 병이 아니에요. 동물이 사람에게 옮기는 병이에요. 이 감염병이 옮는 경로는 직접 전파와 간접 전파 두 가지가 있어요. 세계 곳곳에는 200가지 이상의 동물원성 감염병이 있어요. 해외에는 우리나라에는 없는 동물원성 감염병이 많으니 다른 나라에 갔을 때 무심코 동물을 만져서는 안 돼요.

직접 전파

동물에게 물리거나 긁혔을 때 또는 만졌을 때 동물에게 있던 감염원이 사람에게 직접 옮는 것을 직접 전파라고 해요. 광견병이나 묘소병, 앵무새병 등이 있어요. 개나 고양이뿐 아니라 새, 토끼, 파충류 같은 반려동물도 사람에게 옮기는 병원체를 가지고 있어요. 반려동물에게 먹이를 준 숟가락으로 밥을 먹거나 함께 목욕하는 일은 절대 하지 마세요.

간접 전파

감염원인 동물에 있는 병원체를 모기나 벼룩, 진드기가 사람에게 옮겨서 감염병에 걸리는 것이죠. 그뿐 아니라 동물 몸에서 나온 병원체가 물이나 흙으로 퍼져 전파되기도 하고, 병원체로 오염된 고기나 생선 등을 먹어 감염되기도 해요. 뎅기열이나 일본뇌염, 노로바이러스 등이 대표적이에요.

반려동물과 생활할 때 주의할 점

1. 입으로 먹이를 주거나 같은 이불에서 자지 않기
2. 빗질 및 손발톱 관리, 청소 등을 자주 해 주기
3. 동물 화장실은 그때그때 정리하기
4. 날고기를 먹이지 않기
5. 실내 공기 자주 환기하기

감염을 막아 주는 위생학

'감염 유행'이 도대체 뭐예요?

선생님! 우리 반도 감염이 퍼지고 있어요. 빨리 휴교해야 해요!

수많은 사람이 같은 감염병에 걸리는 거예요

감염 유행이란 한 지역에서 일정한 기간 동안 감염병에 걸린 사람의 수가 평소 수준을 뛰어넘을 정도로 늘어나는 것을 말해요. 감염병은 병원체의 특징이나 전파되는 지역에 따라 감염자가 늘어나는 시기와 속도가 달라요.

감염병이 유행하는 이유

감염 조건은 온도나 습도 같은 환경 외에 사는 공간이나 교통수단에 따라서도 달라져요. 사람이 많은 장소는 감염병이 쉽게 퍼져서 유행하기 좋아요. 감염병에 걸려도 증상이 없으면 감염을 눈치채지 못할 수 있어요. 이렇게 감염된 사실을 스스로 알아채지 못한 채 집 밖에서 일상적인 활동을 하면 감염이 순식간에 퍼지게 되지요.

팬데믹이란?

팬데믹(pendemic)은 감염병이 전 세계로 퍼져서 대유행하여 많은 감염자가 생기는 상황을 일컫는 말이에요. 감염병의 최고 등급이지요. 팬데믹 외에도 좁은 지역에서 특정 계절에 감염병이 유행하면 엔데믹(endemic), 팬데믹처럼 대륙을 넘나드는 것은 아니지만, 비교적 넓은 지역에서 평소보다 감염자가 많이 나오면 에피데믹(epidemic)이라고 해요.

우리나라의 감염 유행

우리나라는 사계절이 뚜렷해 기온이나 습도가 자주 변해요. 계절마다 날씨가 달라지기 때문에 유행하는 감염병도 달라요. 감염병과 기후 변화는 관련성이 크거든요. 해마다 겨울에는 인플루엔자나 노로바이러스가, 여름에는 결막염이나 수족구병 등이 유행해요. 유행하는 계절을 알고 있으면 미리 예방 접종을 하거나 약을 준비하는 등 어느 정도 유행에 대비할 수 있어요.

더 이상 감염자가 늘어나지 않도록 조심해야겠어.

감염병에 걸린 사람 수를 어떻게 알 수 있죠?

정부에서는 감염자 수를 세고 있어요

감염병은 방심하면 바로 퍼져 나가요. 대유행이 일어나기 전에 대책을 세우면 확산을 막을 수 있죠. 그래서 정부에서는 감염병이 발생할 때마다 조사하고 자료를 정리하고 있어요. 감염자 수와 지역, 나이나 성별 등을 같이 파악하고 있어요.

감염병 발생 상황 조사

감염 확산을 막기 위해 감염병 발생 상태를 조사해요. 어떤 감염병이 어느 지역에서 유행하고 있는지를 정부에서 조사하고 감염자 수를 세고 있어요. 감염병 관리는 정확한 감염병 발생 상황을 아는 것부터 시작하기 때문에 감염병 발생 상황 조사 자료를 해마다 수집하고 분석하여 누구나 볼 수 있도록 제공하고 있어요.

감염병 파악 방법

감염자 수를 세는 것도 감염병 대책 중 하나예요. 의사가 진료를 통해 감염병에 걸린 환자를 발견했다면 반드시 보건소에 보고해야 해요. 이렇게 병원을 통해 보건소에 신고된 환자를 기준으로 가족을 포함한 접촉자의 감염 여부를 확인하는 과정을 거쳐 전체 감염자 수를 파악해요.

감염병의 유행

감염병 발생 상황은 질병관리청 홈페이지나 감염병포털 홈페이지에서 누구나 확인할 수 있어요. 시기마다, 지역마다, 성별이나 연령마다 어떤 감염병이 얼마나 유행하는지, 비교해서 살펴볼 수 있어요.

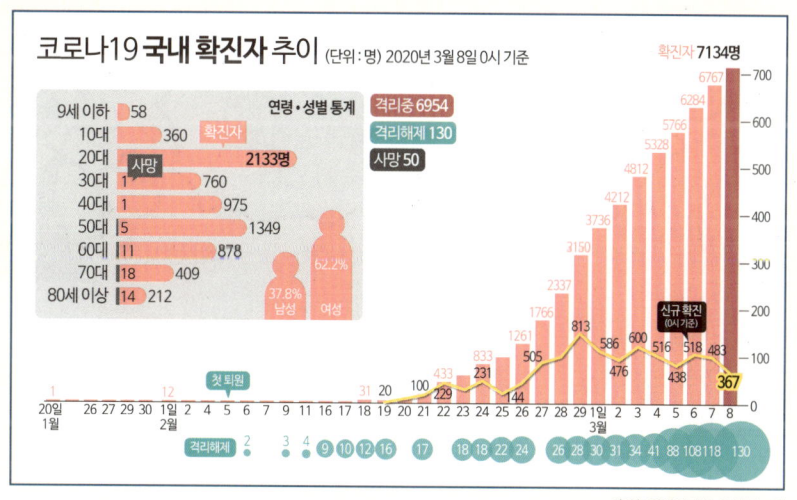

출처: 질병관리청 감염병포털

감염을 막아 주는 위생학

인플루엔자는 왜 해마다 유행하는 거예요?

모양을 바꿀 수 있기 때문이에요

인플루엔자는 인플루엔자 바이러스로 감염되어요. 인플루엔자 바이러스는 해마다 모양을 조금씩 바꾸면서 사라지지 않기 위해 최선을 다하죠. 지난해 인플루엔자 예방 주사를 맞았어도 올해 또 다른 바이러스이기 때문에 다시 인플루엔자에 걸리기도 해요.

🌟 유행하는 이유

인플루엔자 바이러스는 A형, B형, C형이 있는데, 각각의 바이러스가 해마다 조금씩 모양이 달라져요. 인플루엔자에 걸려서 항체*가 생겼거나 예방 접종을 했다 해도 또 걸리는 사람이 나오는 까닭도 이 때문이에요. 모양이 자꾸 변하기 때문에 바이러스에 꼭 맞는 항체를 가지기 어려워요. 인플루엔자 바이러스는 건조하고 추운 환경을 좋아해서 주로 겨울에 유행해요.

🌟 증상과 예방

인플루엔자 증상은 감기와 조금 달라요. 갑자기 38℃ 이상 고열이 나고 관절통, 근육통, 두통 등 이상 증상이 몸 전체에 나타나는 게 특징이에요. 폐렴이나 뇌염 같은 합병증에 걸리거나 증상이 더 심해지기도 해요. 고열이 나거나 강한 몸살 기운이 느껴질 때는 병원에서 검사를 받아 보세요. 인플루엔자는 예방 접종이나 양치질, 손 씻기, 마스크 쓰기 등으로 예방할 수 있어요.

🌟 감염 경로

인플루엔자는 감염되고 증상이 나타나기까지의 기간이 다른 감염병에 비해 매우 짧아요. 인플루엔자에 걸린 사실을 알았다면 학교에 갈 수 없어요. 열이 내린 이후에도 이틀 동안은 집에서 푹 쉬도록 해요.

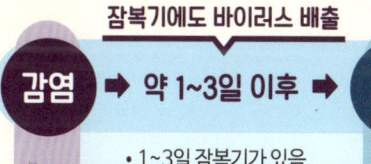 ➡ 약 1~3일 이후 ➡  ➡ 약 1~3일 이후 ➡ 약 일주일 이후 ➡

잠복기에도 바이러스 배출 | 증상 발현하고 3~7일간, 바이러스 배출

- 1~3일 잠복기가 있음
- 38℃ 이상의 고열, 관절통, 근육통 등 몸 전체에 증상이 나타남
- 설사나 구토, 복통이 나타나기도 함
- 기침, 목 통증, 콧물, 호흡 곤란 같은 증상이 뒤늦게 생김

💬 학교에 갈 때도 마스크를 반드시 하고 손을 씻자.

*<u>항체</u> 바이러스나 세균 같은 이물질이 몸 안으로 들어왔을 때, 몸 안에 생기는 대항 물질이야. 항체는 이물질을 몸 밖으로 내보내는 역할을 하지.

감염을 막아 주는 위생학

감염병을 아예 없앨 수는 없나요?

아직도 세상에는 소독되지 않은 곳이 많아.

감염병을 100% 없애는 건 무리다냥!

감염병 제로는 불가능해요

감염병을 일으키는 병원체는 우리가 생활하는 장소에 늘 존재해요. 병원체를 전부 없애고 감염병 제로를 만드는 일은 불가능하죠. 우리가 할 수 있는 일은 감염병에 걸리지 않는 것, 감염병에 걸려도 더 퍼지지 않도록 노력하는 것, 감염병에 무너지지 않는 것이에요.

🌸 감염병에 맞서기

예부터 우리는 감염병 유행에 시달려 왔어요. 대유행으로 번진 감염병 때문에 많은 사람이 생명을 잃기도 했죠. 그때마다 백신* 개발이나 치료약 연구, 양치질 및 손 씻기 권유 등의 방법으로 감염병과 맞서 왔어요. 천연두처럼 예방 접종이 보급되어 사라진 감염병도 있어요.

🌸 감염병과 면역력

병원체는 몸 안에서 번식하며 살아남으려 해요. 하지만 병원체 수를 늘리지 못하면 어디론가 사라져 버리지요. 우리 몸에는 병원체가 늘어나지 못하도록 저항하는 힘이 있어요. 바로 면역력이에요. 면역력이 제대로 기능하면 제아무리 병원체가 몸 안에 들어와도 이겨 낼 수 있어요. 몸 안에 미리 병원체를 넣어 항체를 만드는 예방 접종도 면역력을 얻는 방법 중 하나예요.

🌸 천연두

세계에서 사라진 유일한 감염병이에요. 천연두 치료가 성공했던 이유는
❶ 감염되면 거의 모두에게 증상이 나타나요.
❷ 사람에게만 감염돼요.
❸ 치료에 잘 드는 백신이 있어요.
이 세 가지였어요. 홍역이나 소아마비 바이러스도 위와 같은 조건을 만족하기 때문에 곧 사라지기를 기대하고 있어요.

 *백신 병원체를 통해 개발한 주사약으로, 접종하면 몸 안에서 질병과 맞서 싸울 힘을 만들어 내.

감염을 막아 주는 위생학

감염병에 걸리지 않는 방법은 없나요?

걸릴 확률을 낮출 수는 있어요

감염병은 누구라도 걸릴 수 있어요. 그때그때 몸 상태의 영향을 많이 받기 때문이죠. 하지만 감염원을 없애고 감염 경로를 차단하는 것, 몸의 면역력을 높이는 것으로 감염병에 걸릴 확률을 낮출 수 있어요. 감염병을 예방하는 다양한 방법을 살펴봐 주세요.

🌸 감염 예방의 3원칙

감염병은 감염원, 감염 경로, 감수성 세 가지 조건이 맞으면 걸려요(→ 77쪽 참고). 이 조건 중 한 가지라도 없앨 수 있다면 감염을 예방할 수 있어요. 특히 감염 경로를 처음부터 차단하면 감염이 퍼지는 것을 막을 수 있지요. 감염병을 예방하기 위해 할 수 있는 일이 무엇인지 생각해 보고 대책을 세워 보세요.

① 감염원 없애기
소독이나 제균 등으로 병원체를 없애요.

② 감염 경로 차단하기
병원체가 몸 안으로 들어오지 않도록 주의해요.

③ 면역력 높이기
병원체가 몸 안에서 번식하기 어려운 환경을 만들어요.

① 감염원 없애기

소독이나 제균으로 감염원를 없애는 게 중요해요. 감염된 사람이나 동물, 곤충, 음식 등은 감염병의 감염원이에요. 온도나 습도를 조절해 병원체가 활동하기 어려운 환경을 만들면 감염원이 될 병원체가 늘어나지 않아요. 병원체가 접근하지 못하도록 해 감염원에 닿지 않는 것이 가장 좋은 예방이에요.

소독
감염원을 없애는 데는 알코올 소독이 효과적이에요. 감염원을 차단하기 위해 감염된 사람과는 공간을 나눠 사용해야 해요.

알코올 소독을 자주 하면 병원체를 없앨 수 있구나.

② 감염 경로 차단하기

감염 경로를 차단하려면 감염원이 되는 병원체를 가져오지 않는 것, 내놓거나 널리 퍼뜨리지 않는 것이 중요해요. 손에 묻은 병원체를 비누로 깨끗이 씻어 내 몸 안으로 들어오지 않도록 해 주세요. 양치질이나 마스크 쓰기, 자주 환기하기, 타월 같은 물건을 다른 사람과 함께 사용하지 않기, 사람 많은 장소에 가지 않기 등으로도 감염 경로를 차단할 수 있어요.

감염을 퍼뜨리지 않기

감염병을 예방하려면 내 몸을 지켜야 할 뿐 아니라 스스로 감염을 퍼뜨리지 않도록 주의를 기울여야 해요. 주변에 면역력이 약한 사람이 있다면 감염병을 옮기지 않도록 조심해야 해요. 자신의 면역력을 높이면 주변 사람에게 감염병을 옮길 위험도 낮아져요. 규칙적으로 생활하면서 예방 접종을 하거나 병에 잘 걸리지 않는 몸을 만드는 것도 감염병을 퍼뜨리지 않는 좋은 방법이에요.

마스크 바르게 쓰는 법

누군가 기침이나 재채기할 때 비말이 닿을 수 있는 거리가 2m 정도라고 해요. 마스크가 있어도 제대로 쓰지 않으면 의미가 없어요. 코와 입을 완전히 가리고 틈이 벌어지지 않도록 신경 써 주세요. 사람과 대화할 때나 음식을 함께 먹을 때는 거리가 가까워지니 더 주의해야 해요.

① 자기 얼굴 크기에 맞는 마스크를 골라요.

너무 작은 경우 X 너무 큰 경우 X

잘 맞는 경우 O

마스크를 썼을 때 코가 나오거나 틈이 벌어지면 안 돼요.

② 코 위부터 턱까지 제대로 가려요.

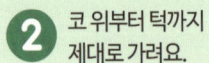
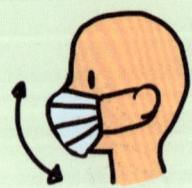

주름이 있는 마스크는 주름을 잘 펼쳐서 써요.

③ 코 부분에 와이어가 들어 있는 제품은 코에 대고 모양에 맞춰 구부려요.

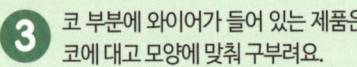
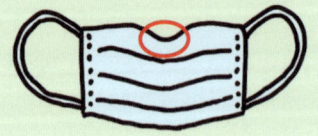

위쪽에 틈이 생기지 않도록 잘 눌러 주세요.

3 면역력 높이기

병원체가 몸에 들어왔다 해도 모두에게 증상이 나타나는 건 아니에요. 영양소를 충분히 섭취하고 잘 쉬어 체력을 키우거나 면역력을 높이면 감염병을 예방할 수 있어요. 또한 개발된 백신이 있는 감염병이라면 예방 접종으로 면역력을 높일 수 있어요.

면역력을 높이는 방법

면역력을 높이는 방법은 다양하지만, 어른과 아이는 그 방법이 조금 달라요. 아이에게 맞는 면역력 높이는 법을 소개합니다.

1 푹 자서 몸을 쉬게 하기
하루 9시간 정도 수면

2 운동하기
하루에 60분 이상

3 영양 균형이 잘 잡힌 식사하기
채소도 골고루

4 자주 웃기
친구와 즐겁게 대화하기

5 몸을 따뜻하게 하기
40℃ 정도의 물에 10분 이상 반신욕

6 여유로운 시간 만들기
책 읽기 등 좋아하는 일을 하는 시간

감염병을 예방하기 위해 내가 할 수 있는 일이 이렇거나 많구나.

101

감염을 막아 주는 위생학

가족에게 감염병이 옮는 건 어쩔 수 없죠?

우리는 사이좋은 형제! 욕실도 수건도 같이 쓰지.

감기도 늘 같이 걸리지!

다른 수건을 사용해야 할 텐데….

가정 내에서도 감염병을 예방할 수 있어요!

감염병에 걸린 사람의 침이나 땀 같은 타액과 손에는 병원체가 숨어 있어요. 감염병에 걸린 사람이 사용한 그릇이나 수건에도 병원체가 묻어 있을 가능성이 크죠. 2차 감염*을 막으려면 이런 것들을 따로 사용해야 해요.

🌸 가정 내 감염

감염병은 가정 내에서 옮는 경우가 정말 많아요. 가족 중 누군가가 감염되었을 때는 다른 가족들에게 옮기지 않도록 방을 따로 써야 해요. 화장실이나 세면대처럼 가족이 함께 사용하는 공간은 자주 소독하고 환기해 주세요. 사용한 마스크나 코를 푼 화장지에도 병원체가 묻어 있으니 감염자에게서 나온 쓰레기는 다른 봉투에 모아 잘 묶어 버려 주세요.

🌸 친구가 감염병에 걸렸다면

감염병은 누구라도 걸릴 수 있어요. 친구가 감염병에 걸렸을 때 가장 중요한 건 평소처럼 대해 주는 거예요. 친구가 감염병에 걸렸다는 사실을 알게 되면 괜히 무서워서 말을 안 걸게 되거나 피하고 싶은 감정이 생길지도 몰라요. 하지만 만약 내가 걸렸다면 주변에서 어떻게 해 주길 바랄까요? 친구에게 어떤 도움을 줄 수 있을지 생각하고 행동해 보세요.

🌸 감염자의 생활

푹 쉬면서 다른 가족들에게 옮기지 않도록 대책을 세워야 해요.

- 자주 환기해요
- 쓰레기가 담긴 쓰레기통은 입구를 잘 막아요
- 이불을 덮고 푹 쉬어요
- 마스크를 잘 써 주세요
- 물을 충분히 마셔요
- 지저분해진 옷이나 침대 시트도 자주 빨아요

방을 분리할 수 없다면, 식사 시간이 겹치지 않도록 하고 집 안에서도 가족 모두 마스크를 써야 해!

*2차 감염 감염병이 다른 사람에게 퍼지는 일을 말해.

감염을 막아 주는 위생학

감염병이 퍼지는 걸 막을 수 있나요?

모두가 조심해야 가능해요

감염병의 원인이 되는 병원체는 눈으로 확인하기가 어려워요. 그래서 나도 모르는 사이 감염병을 주변에 퍼뜨리고 있는 중일 수도 있어요. 정부에서는 감염병이 퍼지는 것을 막기 위해 여러 가지 대책을 세워 실천하고 있어요. 어떤 대책이 있는지, 내가 할 수 있는 일이 무엇인지 알아 두면 감염이 쉽게 퍼지는 것을 어느 정도 예방할 수 있어요.

정부의 대책

정부는 어떤 감염병이 어느 지역에서 유행하는지 조사하고 파악해요. 이 조사로 감염병이 유행하기 시작했다는 사실을 하루 빨리 확인할 수 있고, 더 퍼지지 않도록 대책도 세울 수 있죠. 또한 개인이 실천할 수 있는 다양한 예방법을 뉴스로 알리기도 해요. 학교에 휴교령을 내리거나 예방 접종을 권하는 등 감염이 더 퍼지지 않도록 상황을 지켜보면서 적절한 시기마다 필요한 결정을 내려 사람들에게 알리고 있어요.

검역소 운영

다른 나라에서 유행하는 감염병이 우리나라에 퍼지지 않도록 대응하고 있어요. 감염병이 유행하고 있는 지역 사람이나 그 지역에서 볼일을 보고 돌아온 사람이 있다면, 공항이나 항구에 있는 검역소에서 감염 여부를 검사해요. 검사 결과가 나올 때까지 시간이 걸리기 때문에 다른 사람과 마주치지 않도록 대기할 장소를 마련해 주고 있어요.

개인이 할 수 있는 예방

감염병 대부분은 사람과 사람의 접촉을 통해 퍼져 나가요. 자신이 감염병에 걸린 사실을 알았다면 감염을 퍼뜨리지 않도록 외출을 삼가고 푹 쉬세요. 마스크를 쓰고 있는 것도 필수예요. 만약 걸리지 않았다면 감염병에 걸리지 않도록 외출하고 돌아왔을 때 양치질과 손 씻기를 꼭 하고 밖에서도 마스크를 쓰는 등 기본적인 것을 잘 지키도록 신경 쓰세요.

감염이 퍼지는 것을 막으려면 정부가 세운 대책을 잘 이해하고 실천하는 게 중요해.

격리가 뭐예요?

감염을 막아 주는 위생학

감염이 퍼지지 않도록 따로 생활하는 것이에요

사람과 사람 사이에서 옮는 감염병은 결국 다른 사람과 접촉하지 않아야 퍼지는 것을 막을 수 있어요. '격리'는 두 가지 방법이 있는데, 하나는 감염된 사람과 다른 사람이 접촉하지 못하도록 감염자를 따로 두는 방법이고, 다른 하나는 면역력이 너무 떨어져서 절대 감염병에 걸리면 안 되는 사람을 미리 격리해 따로 생활하게 하는 거예요.

감염원 격리

격리는 감염된 사람이 다른 사람과 접촉하지 않도록 감염자를 따로 생활하게 하는 일이에요. 가족 중 인플루엔자 환자가 나왔을 때 감염자를 격리하는 것으로 감염이 퍼지는 걸 예방할 수 있어요. 감염이 잘 되고 증상이 심각한 결핵 같은 감염병에 걸리면 정부가 지정한 병원에서 격리해야 해요. 병원은 감염병에 걸린 사람을 위한 공간을 마련해 주어요.

예방 격리

다른 병을 앓고 있는 환자를 미리 격리하는 것이에요. 감염병에 걸린 것은 아니지만 질병으로 면역* 활동이 약해진 사람을 따로 격리해 병원체에 닿지 않도록 하는 거예요. 실제로 면역력이 현저히 떨어진 암 치료 환자가 감염병에 걸리면 증상이 더 심각해져요. 그렇기 때문에 감염될 확률이 높은 사람을 따로 분리해 생활하도록 하지요.

주의 사항

격리하는 동안에는 주변 사람과 따로 떨어져 지내기 때문에 불안감을 느끼는 사람도 있어요. 가족이나 주변 사람이 감염병으로 격리되었다면 증상이 어떤 식으로 변하고 있는지, 불안을 느끼지는 않는지 등을 물어볼 필요가 있어요. 감염병이 나아서 격리할 필요가 없을 때는 평소 생활로 돌아갈 준비도 해야 하죠. 격리 생활은 일상과 매우 달라요. 가족이나 주변 사람의 불안과 걱정이 잠잠해지도록 행동하는 게 중요해요.

익숙한 사람들과 떨어져 있어야 한다면 정말 불안하지.

감염병에 걸리지 않는다, 옮기지 않는다 이 두 가지를 기억하는 게 중요해. 감염병에 걸리면 반드시 학교를 쉬고 다 나을 때까지 집에서 편안히 생활하자.

 *면역 세균이나 바이러스 등의 병원체로부터 몸을 지켜 주는 것을 말해.

감염을 막아 주는 위생학

예방 접종은 왜 하는 거예요?

팔에 느껴지는 통증도 다 인류를 위해서야! 선생님, 살살 좀 부탁해요….

예방 접종에 이렇게나 진지한 친구는 또 처음이네.

감염병에 쉽게 걸리지 않는 몸을 만들기 위해서예요

예방 접종은 병원체가 가진 독성을 조금 약하게 해서 만든 백신을 몸 안에 넣는 일이에요. 이렇게 예방 접종을 하면 면역이 만들어져 감염병의 다양한 피해를 줄일 수 있어요. 감염병마다 차이는 있지만 예방 접종은 감염병으로 생명을 잃는 사람의 수를 줄일 수 있고, 집단 감염을 예방하기도 해요.

효과

예방 접종 효과는 크게 두 가지예요. 감염을 예방하거나 걸려도 가벼운 증상으로 지나가게 하는 효과가 있고, 사람들 대부분이 면역을 얻어 감염자가 나와도 주변에 잘 퍼지지 않도록 예방하는 효과가 있어요. 그 결과 감염병으로 죽는 사람들 수를 줄이거나 이미 유행하고 있던 감염병을 없앨 수 있어요.

횟수

예방 접종은 한 번만 맞는 것과 해마다 맞아야 하는 것이 있어요. 백신마다 정해진 양과 횟수대로 맞아야 몸 안에 면역이 생겨요. 보통 한번 생긴 면역은 몸이 계속 기억하기 때문에 다시 접종할 필요가 없어요. 하지만 인플루엔자처럼 해마다 바이러스 모양이 조금씩 바뀌는 병원체도 있어요. 이럴 때는 유행할 바이러스를 예측해서 만든 백신을 맞아요.

예방 접종의 종류

필수 예방 접종	반드시 맞아야 하는 예방 접종이에요. 디프테리아나 파상풍, 백일해, 수두 등 아이가 접종 대상인 것도 있고 결핵, 일본뇌염, A형간염, B형간염, 인플루엔자, 유행성이하선염, 풍진, 폐렴구균 등 어른도 맞아야 하는 것이 있어요.
국가 예방 접종	국가 예방 접종은 필수 예방 접종 중에서 예방 접종 비용을 나라에서 지원해 주는 예방 접종이에요. 보건소와 지정 병원에 가면 무료로 접종할 수 있어요. 결핵, B형간염, 디프테리아나 파상풍, 백일해, 수두 등이 있어요.
기타 예방 접종	희망하는 사람이 직접 의료 기관을 찾아가 맞는 예방 접종이에요. 비용은 개인이 부담하고 의료 기관마다 조금씩 차이가 있어요. 백신마다 접종 횟수나 접종량, 접종 가능한 나이가 정해져 있지요. 대상포진, 수막구균, 로타바이러스 등이 기타 예방 접종에 속해요.

🌟 백신이란?

백신을 사람이나 동물에게 주사하면 몸 안에서 질병과 싸울 힘을 만들어 내요. 바이러스나 세균 같은 병원체가 가지고 있는 독성을 약하게 하거나 없애 백신으로 만들어 예방 접종을 할 때 사용해요. 백신을 접종하면 면역이 생기므로 해당 질병에 잘 걸리지 않고, 걸린다고 해도 가볍게 지나갈 수 있어요.

🌟 어른의 예방 접종

어른이 되어 대상포진이나 수두에 걸리면 증상이 심한 경우가 있어요. 그래서 예방 접종을 맞는 게 좋아요. 임신한 엄마가 풍진에 걸리면 아기에게도 영향을 주기 때문에 엄마뿐 아니라 주변 사람들도 백신을 맞아 예방하기도 해요. 또한 외국에 갈 때 반드시 백신을 맞아야 하거나 백신 접종을 권하는 경우도 있어요.

🌟 백신이 만들어질 때까지

백신이 만들어지려면 많은 과정이 필요해요. 시간이나 비용이 많이 들고, 만들어도 제대로 듣질 않거나 아예 개발에 실패하기도 하죠. 처음부터 바이러스를 인공적으로 늘리는 게 어려울 때도 있어요.

① 병원체인 바이러스나 세균을 인공적으로 늘려요.

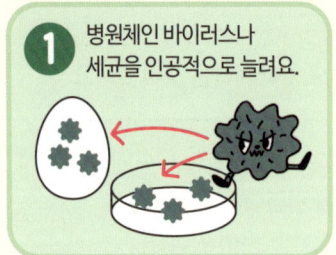

② 사람에게 주사해도 질병이 생기지 않도록 독을 약하게 만들거나 아예 독성을 없애요. 아니면 병원체 본래 모양만 살리고 기능을 없애기도 해요.

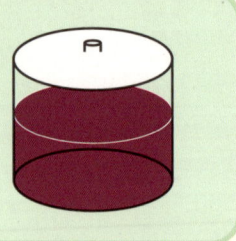

③ 다른 용액과 섞어서 주사약으로 사용할 수 있게 만들어요.

④ 사람이 맞아도 안전한지, 예방 효과가 있는지 등을 충분히 확인해요.

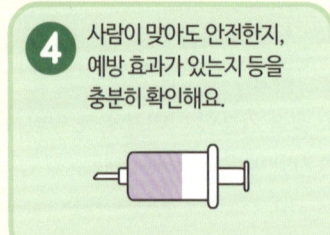

⑤ 정부의 승인을 얻어 제품으로 만들어요.

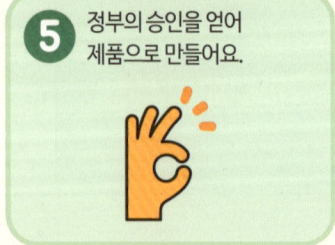

🌟 집단 면역

예방 접종으로 많은 사람이 면역을 얻으면 면역이 없는 사람도 감염병에 걸릴 기회가 그만큼 줄어들어요. 따라서 어느 집단에서 감염병이 퍼지지 않도록 하려면 면역을 갖추고 있는 사람이 어느 정도 있어야 해요. 이렇게 집단 구성원 대다수가 항체를 가지게 되면 집단 면역 효과가 생겨요.

 면역 없음 (건강 양호) 면역 있음 (건강 양호) 면역 없음 (감염)

면역이 없는 사람이 많으면 감염병이 점점 퍼져요.

면역이 있는 사람이 많으면 면역이 없는 사람도 감염병에 걸릴 확률이 낮아져요.

🌟 면역을 일으키는 구조

병원체
몸 밖에서 들어온 병원체.

매크로파지
병원체를 흡입해 분해하거나 몸속 다른 세포에게 병원체의 정보를 전달해요.

헬퍼 T세포
병원체와 맞서 싸울 항체를 만들려고 B세포에게 명령을 내려요. 정보는 매크로파지에게 받아요.

사령탑

킬러 T세포
이동하면서 병원체에 감염된 세포를 찾아 죽여요.

B세포
세포가 변화해 항체를 만들어요. 같은 병원체가 들어오면 항체를 빠르게 많이 만들 수 있어요.

항체

와! 방어벽이 생겼네~

감염을 막아 주는 위생학

검역은 정확히 뭘 하는 거예요?

해외에서 감염병이 들어오는지 체크해요

비행기나 배로 다른 나라를 쉽게 드나들 수 있어요. 그래서 이제껏 본 적 없던 유해 물질이나 벌레, 감염병 등이 해외에서 국내로 들어오는 일도 많아졌어요. 이들이 들어오는 걸 막기 위해 공항이나 항구에 검역소가 마련되어 있어요.

 검역소

공항이나 항구에 마련된 검역소는 해외에서 감염병이나 해충 등이 딸려 들어오거나 외부로 실려 나가는 것을 막는 곳이에요. 검역관과 검역 탐지견이 이 일을 맡고 있어요. 모든 검역은 국가에서 정한 기준을 따르고 있어요.

검역 탐지견

검역소에는 검역 탐지견이 있어요. 외국에서 온 우편물이나 개인 짐 안에 육류나 과일 등이 들어 있는 건 아닌지 확인하기 위해서예요. 개 중에서도 특히 후각이 뛰어난 비글이 주로 활약하고 있어요.

검역관

검역소에서 승객의 건강을 체크하고 감염병이 의심되는 사람을 검사하거나 격리하는 일을 해요. 도착한 비행기나 배에 쥐, 모기 같은 매개체 동물이 없는지 살피고 소독하는 일도 해요. 필요하면 승객에게 예방 접종을 하기도 하죠. 감염병이 동물을 통해 들어오기도 하기 때문에 수입 동물을 검사하는 것도 검역관의 몫이에요.

검역법을 기준으로 하는 일
- 국내로 들어온 사람의 건강 체크, 상담
- 국외로 출국하는 사람의 건강 상담
- 모기나 쥐 등 검사
- 배 안의 위생 상태 검사

식품위생법을 기준으로 하는 일
- 사람의 몸에 해를 끼치는 수입 식품
- 수입 식품 관련 상담
- 수입 식품의 병원체 검사

사람 검역

검역관은 국내로 들어오는 사람이 감염병에 걸린 건 아닌지 확인하고 있어요. 감염병이 유행하는 지역에서 입국한 사람에게 건강 상태를 묻는 질문지를 적게 하고, 증상이 있는 사람은 건강 상담이나 진료, 검사를 하는 것이죠. 감염병이 의심되는 사람은 지정된 병원으로 보내 격리, 소독 등의 절차를 받게 해요.

동물 검역

동물이 가지고 있는 감염병이 국내에 들어오는 일을 막기 위해 감염병을 옮길 위험이 큰 동물을 대상으로 검사하고 있어요. 또한 광견병 등을 들여오지 못하도록 개, 고양이 같은 동물도 검사 대상에 포함하고 있어요. 소, 돼지, 염소, 양, 말, 닭을 포함한 조류, 토끼, 꿀벌 등으로 만든 육가공품을 수입하거나 수출할 때 병원체에 오염되지 않았는지를 확인해요.

식물 검역

식물에 묻어 있던 해로운 병해충이 국내로 들어오는 것을 막기 위해 검사하고 있어요. 거꾸로 식물을 수출할 때도 검사를 하는데, 식물에 문제가 있을 때는 소독이나 폐기 처분을 해요. 채소나 과일을 들여올 때 또는 가지고 나갈 때, 국가나 지역에 따라 허용하는 품목이 다 다르기 때문에 반드시 미리 확인해야 해요. 가지고 나갈 수 없는 것들이 생각보다 무척 많아요.

검역 감염병

검역소에서 꼭 검사해야 하는 감염병이에요. 해외에서 병원체가 들어오는 것을 막기 위해 검사해야 할 감염병 항목을 정해 두었어요. 대표적인 검역 감염병은 콜레라, 페스트, 황열, 중증 급성 호흡기 증후군, 신종 인플루엔자 등이에요. 검역으로 검역 감염병이 발견되면 감염병에 걸린 사람은 격리, 감염될 가능성이 있는 사람은 검역 대기* 등 조치를 취해요. 이렇게 감염되지 않은 사람과 감염자를 떨어뜨려 감염병이 크게 퍼지지 않도록 막아요.

반입품 주의 사항

해외여행에 가면 다양한 기념품을 사기도 하죠. 하지만 해외에서 산 물건을 가지고 돌아올 때는 반드시 신고가 필요한 물건이 있고 들여오는 게 금지된 물건도 있어요.

고기 및 육가공품
감염병에 걸린 동물로 가공했을 위험 때문에 반입 금지

채소나 과일
해로운 벌레가 묻어 있을 위험 때문에 반입 금지

식물
해로운 벌레가 묻어 있을 위험 때문에 반입 금지(특히 흙에 묻은 식물)

치즈 같은 유제품
해로운 미생물이 묻어 있을 위험 때문에 반입 금지

동물 가죽 제품
감염병에 걸린 동물로 만들었을 위험 때문에 반입 금지

해외여행에서 산 물건을 모두 다 가지고 올 수는 없구나.

 *검역 대기 감염될 가능성이 있는 사람을 항구나 공항 또는 의료 기관에서 일정 기간 격리하도록 두는 것을 말해. 병원체 유무가 확인되면 검역 대기가 풀려.

신종 코로나바이러스 감염증

코로나19는 2019년 12월 중국에서 처음 발생한 뒤 전 세계로 퍼져 나간 감염병이에요. 코로나19 확진자가 세계 곳곳에서 급격하게 늘어나자 세계보건기구(WHO)는 코로나19에 대해 세계적 대유행을 의미하는 팬데믹을 선포했어요.

우리나라에서는 코로나19를 1급 감염병으로 분류해서 엄격하게 관리하고 있어요. 1급 감염병은 국민에게 감염 경로를 알리고, 감염이 의심되는 사람에게 무료로 검사해 주고, 입원 및 치료비를 지원해 줘요. 또한 출입국을 할 때는 반드시 코로나19 검사를 받아야 하고, 검사 결과에 따라 격리를 할 수도 있어요.

코로나19는 주로 감염된 사람의 침방울(비말)로 전파가 이루어져요. 감염된 사람이 가까이에서 기침, 재채기, 말하기, 노래 등을 할 때 감염이 되지요. 감염자의 침방울 속에 든 바이러스가 호흡기나 눈·코·입의 점막으로 들어오면서 감염되는 거예요. 침방울 말고도 감염된 사람과 직접 닿거나 감염된 사람과 닿은 물건을 만져도 바이러스가 옮을 수 있다고 해요.

코로나19도 다른 감염병과 똑같이 감염의 세 가지 조건인 감염원, 감염 경로, 감수성에 주의해야 해요. 따라서 감염을 예방하려면 손 씻기, 마스크 쓰기, 환기가 매우 중요해요. 침방울이 닿지 않도록 다른 사람과 2m 이상 거리를 두는 것도 필요하고요. 일상생활을 하면서 사회적 거리를 유지하는 일이 힘들 때가 많겠지만 건강한 몸과 마음을 위해서는 꼭 지켜야 해요.

3장

안전한 음식을 위한 위생학

● 식품 안전 | 식중독 | 식중독의 예방 ●

안전한 음식을 위한 위생학

음식은 왜 상하나요?

음식물 안에서 미생물이 번식해 분해되기 때문이에요

공기 중에는 많은 미생물이 살고 있어요. 미생물은 음식을 먹이로 점점 수를 늘리려고 하죠. 이렇게 번식한 미생물은 음식물을 분해해 사람이 먹을 수 없는 상태로 바꿔 놓아요. 이 상태를 '상했다'라고 해요.

🌟 음식이 상하는 조건

영양분, 적당한 온도와 수분이 있으면 미생물이 번식할 최적의 조건이에요. 이렇게 번식한 미생물은 음식물을 분해해 음식물 속에 든 탄수화물이나 단백질의 구조를 무너뜨려 음식을 상하게 만들어요.

🌟 상하면 어떻게 될까요?

음식 안에서 미생물이 늘어나면 탄수화물이나 단백질이 분해되면서 색이 변하고 시큼한 냄새가 나요. 끈적끈적해지기도 해요. 이렇게 상한 음식을 먹으면 설사나 구토가 일어나기도 해요.

🌟 음식이 상하는 과정

미생물은 어디든 존재해요. 절대 사라질 리 없어요. 조건만 갖춰지면 번식해서 음식을 상하게 만들어요.

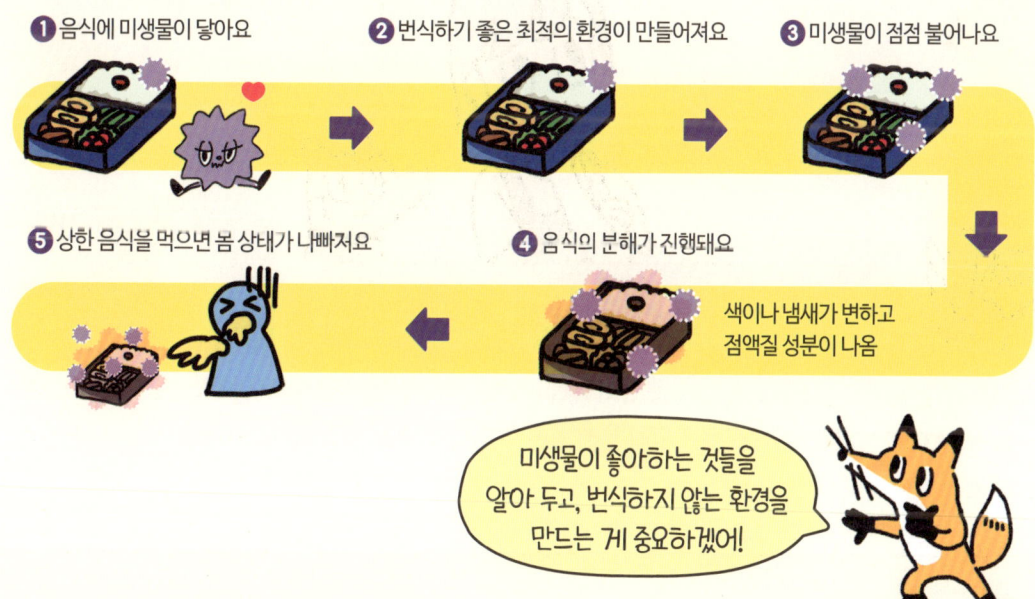

❶ 음식에 미생물이 닿아요
❷ 번식하기 좋은 최적의 환경이 만들어져요
❸ 미생물이 점점 불어나요
❹ 음식의 분해가 진행돼요 — 색이나 냄새가 변하고 점액질 성분이 나옴
❺ 상한 음식을 먹으면 몸 상태가 나빠져요

미생물이 좋아하는 것들을 알아 두고, 번식하지 않는 환경을 만드는 게 중요하겠어!

안전한 음식을 위한 위생학

균이나 곰팡이가 닿은 음식은 무조건 못 먹나요?

먹어도 될까?

먹을 수 있는 음식도 있어요

미생물의 특징을 이용해 맛과 냄새를 변화시키고 영양 가치를 높인 음식도 있어요. 이런 음식을 '발효 식품'이라 불러요. 발효 식품은 우리 몸에 좋은 영향을 주지요. 건강해지려면 발효 식품을 자주 먹어 줘야 해요.

🌸 부패와 발효의 차이

음식이 상할 때도, 발효할 때도 미생물이 늘어나고 분해가 진행되는 등 변화가 일어나는 건 똑같아요. 음식과 미생물이 어떻게 조화를 이루는가에 따라 사람의 몸에 나쁜 영향을 주는 것은 '부패'라고 하고 좋은 영향을 주는 것은 '발효'라고 해요.

🌸 발효 식품

예부터 사람들은 곰팡이나 효모*가 번식하는 힘을 이용해 발효 식품을 만들었어요. 젓갈이나 김치, 청국장, 요구르트 등이 대표적인 발효 식품이에요. 오래 두고 먹을 수 있지만, 언제까지나 상하지 않는 건 아니에요.

발효 식품 ─ 먹어도 좋은 것!

발효 식품은 원재료보다 맛과 풍미가 더 좋을 뿐만 아니라 건강에 좋은 미생물을 몸 안에 넣어 줄 수 있어요.

낫토 / 된장 / 치즈 / 요구르트

상한 음식 ─ 먹으면 안 되는 것!

음식에 곰팡이가 피어 있거나 시큼한 냄새가 나고 끈적거릴 때는 대개 상한 거예요. 몸에 탈이 날 수 있으니 먹으면 안 돼요.

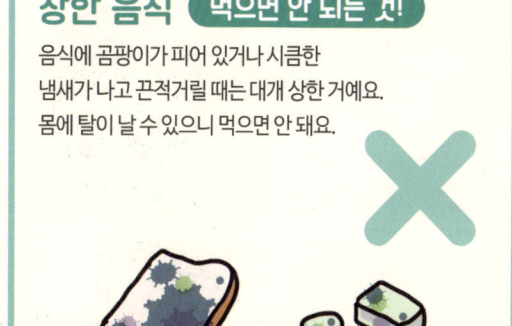

곰팡이 핀 빵 / 곰팡이 핀 두부

음식이 오래되기 전에, 가장 맛있을 때 먹자!

---

*발효 미생물이 음식에 붙어 그 음식을 사람에게 좋은 쪽으로 (맛있고, 영양가가 높은 식품으로) 변화시키는 과정이야.

*효모 빵·맥주·포도주 등을 만드는 데 사용되는 미생물로 3~4㎛ 크기의 단세포 생물이야.

안전한 음식을 위한 위생학

떡에는 왜 곰팡이가 잘 피나요?

와, 떡이 완전 곰팡이로 뒤덮였어.

일부러 "먹지 마!" 하고 말해 주는 것 같네….

곰팡이가 좋아하는 조건을 두루 갖추었기 때문이에요

곰팡이가 늘어나려면 온도, 습도, 공기, 영양분이 필요해요. 떡에 든 단백질, 지방, 수분은 곰팡이가 가장 좋아하는 먹이예요. 곰팡이는 먹을 것들에 둘러싸여 뿌리를 늘려가면서 무럭무럭 자라지요. 눈에 보이지 않은 곳에도 곰팡이 뿌리가 자라고 있으니 곰팡이가 보이는 부분만 떼어 내고 먹는 것도 절대 안 돼요.

🌟 곰팡이의 특징

떡에 피어난 곰팡이를 자세히 보면 흰색이나 초록색 등 다양한 색을 띠지요. 검은곰팡이, 푸른곰팡이, 붉은곰팡이, 누룩곰팡이 등 한 종류의 곰팡이가 아니라 여러 종류의 곰팡이가 동시에 자라기 때문이에요. 이 중 식중독이나 알레르기를 일으키는 곰팡이도 있어요. 곰팡이 포자는 공기 중에 항상 떠다니다 음식에 닿으면 실 모양의 균사를 길게 늘어뜨리며 자라요. 눈에 보일 정도로 크기가 커지면 그제야 곰팡이임을 눈치채는 거예요. 곰팡이는 스스로 먹이를 만들어 낼 수 없기에 영양분과 산소가 반드시 필요해요. 곰팡이가 자라기 쉬운 온도는 20~30℃이고 습도는 80% 이상이에요. 온도가 36℃ 이상이 되면 더는 새로운 곰팡이가 자랄 수 없어요. 하지만 온도가 더 올라가도 이미 생긴 곰팡이는 죽지 않아요. 어떤 곰팡이는 냉장고 같은 저온에서도 자라요.

🌟 곰팡이가 자라는 방식

① 곰팡이가 좋아하는 조건이 갖춰지면 여러 종류의 곰팡이가 자라기 시작해요.

② 곰팡이는 음식 속 깊이 뿌리를 내려요.

🌟 곰팡이 예방하기

떡을 물에 담가 두거나 냉동실에서 얼리거나 햇볕에 말려 보관하는 등 여러 가지 방법이 있어요. 곰팡이가 좋아하는 조건 중 일부를 없애 곰팡이가 피는 것을 늦출 수 있어요.

왜 곰팡이가 핀 음식을 먹으면 안 되는지 알았어. 곰팡이 때문에 못 먹고 버리는 일이 없도록 방법을 고민해 보자.

안전한 음식을 위한 위생학

썩는 것을 막을 수 있나요?

이렇게 하면 되는 거지?

썩은 바나나를 넣어서 어쩌려고….

우리는 미생물과 함께 살고 있기 때문에 부패를 완벽히 막을 수 없어요

미생물을 아예 없애는 일은 어려워요. 그러니 음식을 썩지 않게 막을 방법도 없지요. 하지만 음식에 미생물이 닿지 않도록 해서 미생물이 자라기 힘든 환경을 만들면 썩는 속도를 늦출 수 있어요. 음식을 잘 보관하여 썩기 전에 먹어 볼까요?

썩는 것을 막으려면

미생물은 번식할 때 필요한 영양분, 적당한 온도, 필요한 만큼의 수분 조건 중 하나만 제대로 갖춰지지 않아도 자라기 힘들어요. 미생물 종류마다 좋아하는 환경이 다르기 때문에 음식마다 알맞은 보관 방법이 있어요.

저온 보관

사람에게 해를 끼치는 미생물 중 대부분은 30~40℃ 정도 온도에서 자라요. 그래서 음식을 냉장고에 넣어 저온 보관하는 것이지요. 장기간 보관해야 할 경우에는 영하 18℃의 냉동고에 넣어 두는 방법도 있어요.

종류별 보관 방법

냉장고 혹은 냉동고를 이용하는 것 외에도 음식을 상하지 않게 보관할 방법은 많아요. 음식이 가지고 있는 수분량을 줄이는 탈수나 건조, 미생물을 죽게 만들어 활동을 멈추게 하는 가열 살균 방식 등도 있어요.

냉동 영하 18℃ 이하
아이스크림, 냉동식품 등

냉장 10℃ 이하
청량음료, 달걀, 두부, 버터, 된장 등

저온 냉장
영하 1℃~영상 5℃
고기, 생선, 햄, 소시지, 어묵, 치즈, 요구르트 등

건조식품
햇볕에 말린 자연 건조식품, 압력을 가한 인공 건조식품
말린 버섯, 말린 과일, 인스턴트 커피 등

레토르트 식품
120℃ 정도 온도에서 4분 동안 가열 살균
통조림 생선, 병조림 잼, 레토르트 파우치 카레 등

➡ 보관 방법에 관한 자세한 설명은 176, 177쪽 참고

딸기잼은 왜 오래 보관할 수 있나요?

안전한 음식을 위한 위생학

미생물이 자랄 때 필요한 수분이 없기 때문이에요

딸기잼은 딸기에 많은 양의 설탕을 넣어 만들어요. 설탕은 물과 결합하려는 성질이 강해서 딸기 안에 들어 있는 수분까지 빨아들여요. 미생물이 번식하는 데 필요한 수분을 설탕에게 빼앗기면서 미생물이 자랄 수 없는 환경이 되지요. 여기에 열을 가해 조리면 수분이 더 줄어들어요. 그래서 딸기잼을 오래 두고 먹을 수 있어요.

🌟 잼의 특징

미생물은 음식 속 수분을 활용해 영양분을 녹이고 그것을 먹이로 삼아 번식해요. 이때 설탕을 넣으면 미생물에 필요한 수분을 설탕에게 빼앗기게 되죠. 설탕의 양이 늘어나는 만큼 설탕과 많은 물이 결합하기 때문에 미생물이 자라기 어려워져요. 설탕의 비율이 높을수록 오래 보관할 수 있어요. 설탕이 아닌 소금을 넣어도 마찬가지예요. 설탕을 이용하면 당 절임(당장법), 소금을 이용하면 소금 절임(염장법)이라고 해요.

🌟 절임의 원리

설탕이나 소금처럼 물과 친한 것들로 음식을 절이면 오랫동안 보관할 수 있어요.

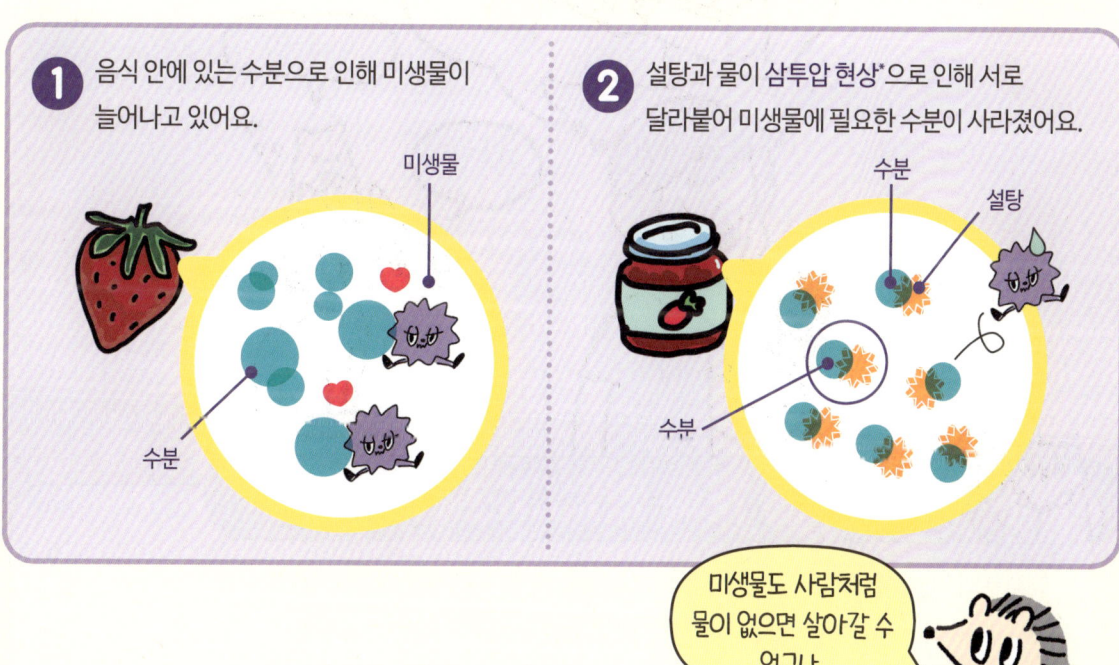

① 음식 안에 있는 수분으로 인해 미생물이 늘어나고 있어요.

② 설탕과 물이 삼투압 현상*으로 인해 서로 달라붙어 미생물에 필요한 수분이 사라졌어요.

미생물도 사람처럼 물이 없으면 살아갈 수 없구나.

*<u>삼투압 현상</u> 수분 농도가 서로 다른 물체가 함께 있을 때, 농도를 똑같이 맞추기 위해 농도가 낮은 쪽의 물이 농도가 높은 쪽으로 이동하려는 현상이야.

안전한 음식을 위한 위생학

냉동고 속 2년 전 아이스크림, 먹어도 되나요?

냉동고에 계속 있었다면 괜찮아요!

대부분의 미생물은 영하 10℃ 이하가 되면 활동할 수 없고 더 늘어나지도 않아요. 아이스크림이 냉동고에 계속 들어 있었다면 계속 영하 18℃를 유지하고 있었기 때문에 상했을 리가 없어요. 그렇기 때문에 먹어도 괜찮아요. 아이스크림에 유통 기한*을 표시하지 않는 것도 그 때문이에요.

✿ 냉동 보관의 특징

음식물을 냉동고에 넣어 두면 오래 보관할 수 있어요. 대부분의 미생물이 영하 5℃ 정도에서는 늘어나는 속도가 줄어들고, 영하 10℃ 밑으로 떨어지면 아예 번식하지 않기 때문이에요. 그래서 냉동식품은 영하 18℃ 이하에서 보관하도록 하고 있어요.

✿ 주의 사항

아이스크림을 사서 집에 도착하기까지 온도가 높아지기도 하고, 평소 냉동고를 여닫을 때마다 냉동고 내부 온도가 조금씩 변해요. 그래서 날이 지날수록 아이스크림의 풍미가 떨어지죠. 냉동식품이라 해도 가장 맛있을 때 빨리 먹는 게 좋아요.

✿ 다시 얼려도 괜찮을까?

한번 녹인 아이스크림은 다시 얼려도 처음 그 맛으로 돌아올 수 없어요. 아이스크림을 만드는 방법에 그 비밀이 숨어 있어요. 아이스크림은 유제품, 설탕, 달걀노른자, 향료, 물 등의 재료를 섞어 하나로 만들어요. 이게 녹으면 하나였던 구조가 무너져 따로따로 분리되어 다시 얼려도 처음 구조로 돌아갈 수 없어요. 게다가 얼음 결정이 커져서 아이스크림의 부드러움을 잃게 돼요.

주르륵 녹아내린 아이스크림을 냉동고에 넣어 다시 굳힌 적이 있지. 맛이 없었던 이유가 이거였구나.

 *유통 기한 음식이 만들어지고 나서 유통될 수 있는 기간을 뜻하며, 식품의 신선도를 나타내기도 해.

안전한 음식을 위한 위생학

요구르트에 정말 균이 있나요?

네, 정말이에요

우유나 유제품에 유산균*을 넣어 만든 식품이 요구르트예요. 유산균 같은 균을 유제품에 넣으면 우유에 있는 탄수화물을 분해해 먹이로 사용하면서 더 많은 유산균을 만들어요. 이렇게 유산균이 번식해 탄수화물을 유산으로 만드는 과정을 젖산(유산) 발효라고 해요.

🌼 유산균이 하는 일

젖산 발효 과정으로 우유가 요구르트로 바뀌면 다양한 변화가 일어나요.
- 유산균이 독특한 풍미와 식감을 만들어 내 맛이 좋아져요.
- 우유가 산성이 되므로 부패균이나 병원체가 번식하기 어려워져요.
- 칼슘이 소화와 흡수되기 좋은 형태로 바뀌어요.

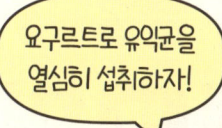
요구르트로 유익균을 열심히 섭취하자!

🌼 유산균 종류

우유나 유제품에 특정 균을 넣고 발효하면 요구르트가 만들어져요. 비피두스균*이나 아티도필스균, 불가리아균 같은 유산균을 주로 넣어요.

🌼 장내 균형이란?

사람의 장에는 많은 미생물이 살고 있어요. 이들은 몸에 좋은 활동을 하는 유익균, 해로운 활동을 하는 유해균으로 나눌 수 있어요. 이 두 세균이 몸 안에서 다투며 균형을 유지해요. 유해균이 너무 많으면 염증을 일으키거나 질병이 생겨요. 요구르트에 많이 든 비피두스균은 유해균을 물리치는 대표적인 유익균이에요.

이겼다!

졌…어….

*유산균 미생물의 일종으로, 번식에 필요한 에너지를 얻기 위해 탄수화물을 분해해 유산을 만들어 내는 모든 균이야.
*비피두스균 유산균의 한 종류로 장을 청소해 주고, 병원체 감염을 늦추는 효과가 있는 것으로 알려진 유익균이야.

안전한 음식을 위한 위생학

유통 기한이 지난 건 먹으면 안 되나요?

먹어도 되는 음식도 있어요

음식물 포장지에 적혀 있는 유통 기한은 그 음식이 만들어지고 나서 유통될 수 있는 기한을 표시한 거예요. 안전하게 먹을 수 있는 기간일 뿐 그 기간이 지났다고 해서 먹을 수 없는 건 아니에요. 하지만 보관 상태나 음식의 종류, 시간이 지난 정도에 따라 다르니까 어른들에게 꼭 물어보고 먹어야 해요.

✦ 유통 기한의 특징

유통 기한은 식품이 유통될 수 있는 기한이에요. 안전하고 신선한 상태로 먹을 수 있는 기간을 알기 위해 제조 회사가 여러 차례 실험한 뒤에 정해요. 유통 기한은 식품을 안전하게 먹을 수 있는 기준이지 이 기한이 지났다고 해서 바로 상하지는 않아요. 하지만 날짜가 지날수록 미생물은 늘어나고 재료의 성분이 달라지기 때문에 이 기한을 제대로 지킬 필요가 있지요. 유통 기한은 식품을 개봉하지 않고 제대로 보관했을 경우를 기준으로 정한 기한이에요. 안전하고 신선하게 먹기 위해서는 식품 포장에 적힌 보관법을 잘 확인하세요.

✦ 새로 생기는 소비 기한

'소비 기한'은 제품을 개봉하지 않고 표시된 조건에서 보관했을 때 안전하게 먹을 수 있는 기간으로 영국이나 호주, 일본 등에서 사용하는 날짜 표시예요. 우리나라도 2023년부터 유통 기한 대신 소비자가 실제로 음식물을 섭취할 수 있는 기한인 소비 기한으로 표시해요. 유통 기한이 짧아 팔지 못해 버려지는 음식을 줄여 환경을 보호하고 자원을 낭비하는 것을 막기 위해 소비 기한을 표시하기로 했어요.

✦ 그 밖의 날짜 표시

제조 일자

식품 날짜 표시 중에는 유통 기한 외에도 '제조 일자'가 있어요. 보통 제조나 가공이 끝난 시점을 표시해요. 오랜 기간 보관해도 잘 상하지 않는 설탕이나 소금, 술, 아이스크림 등의 식품에 표시하고 도시락이나 샌드위치, 김밥 등 상하기 쉬운 식품에도 표시해요.

품질 유지 기한

오래 보관하는 레토르트 식품이나 통조림, 절임 음식이나 고추장 된장 같은 장류, 벌꿀 같은 제품에 주로 표시해요. 품질 유지 기한을 표시한 제품은 오랜 시간 보관해도 맛과 품질의 급격한 변화가 일어나지 않기 때문에 날짜가 지나도 먹을 수 있어요.

집에 있는 음식의 유통 기한을 자주 확인하고 정해진 기간 내에 먹을 방법을 고민해야겠어!

식품 포장지에는 무엇이 적혀 있나요?

내가 햄으로 가공될 때까지 많은 재료가 사용되기 때문에, 그런 내용이 다 적혀 있어!

나는 가공되는 건 아니라서 적힌 정보가 간단하지.

안전한 식품을 살 때 필요한 정보인 '식품 표시'가 적혀 있어요

우리나라에서 만든 모든 식품의 포장 용기에는 '식품 표시'를 반드시 해야 해요. 어떤 재료를 사용했는지, 무엇을 넣었는지, 어디서 만들었는지 등 식품에 관한 정보를 알려 주고 있어요. 물건을 고를 때 참고하는 기준이 돼요.

안전한 음식을 위한 위생학

🌟 식품 표시 내용

채소나 고기, 생선 같은 신선식품*은 제품명과 원산지, 가공식품*에는 제품명과 원재료명, 내용량, 기한(보존 기한이나 유통 기한), 보관 방법, 제조 회사와 주소 표시가 의무 사항이에요. 정보를 정확히 표시해야 그 식품의 안전성을 확인할 수 있어요.

🌟 알레르기 표시

알레르기의 원인이 되는 원재료는 반드시 표시해야 해요. 특히 메일, 밀가루, 대두, 호두, 땅콩, 복숭아, 토마토, 돼지고기, 달걀, 우유, 닭고기, 소고기, 새우, 오징어 등을 포함한 21개 품목은 아주 적은 양이라도 알레르기를 일으킬 수 있으니 같은 제조 시설을 사용했으면 반드시 표시해야 해요.

🌟 식품 표시의 예

가공식품은 신선식품보다 많은 재료와 식품 첨가물로 만들기 때문에 더 자세히 표시해야 해요.

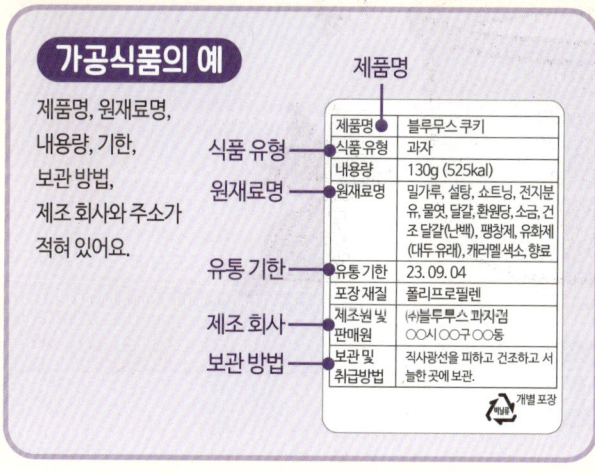

가공식품의 예

제품명, 원재료명, 내용량, 기한, 보관 방법, 제조 회사와 주소가 적혀 있어요.

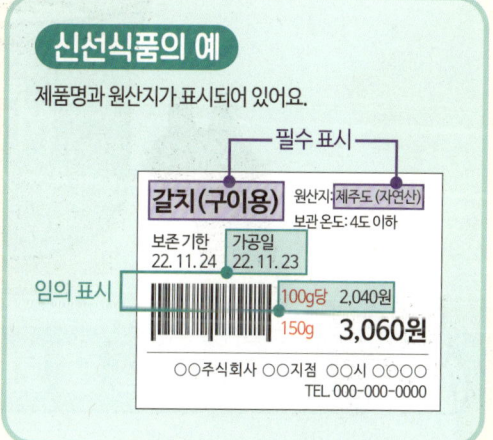

신선식품의 예

제품명과 원산지가 표시되어 있어요.

*신선식품 채소나 생선, 고기, 달걀처럼 가공하지 않은 식품이야.
*가공식품 신선식품을 다양한 방법으로 가공해서 만든 식품이야.

안전한 음식을 위한 위생학

우유 팩에 적힌 저온 살균이 뭐예요?

살균 방법 중 한 가지예요

저온 살균은 식품에 열을 가해 미생물의 활동을 늦추는 살균 방법 중 하나예요. 높은 온도일수록 살균이 잘되지만, 우유처럼 100℃ 이상의 고열로 가열했을 때 맛과 향이 변하는 식품은 저온 살균법을 활용하고 있어요.

🌟 저온 살균법

음식을 오래 보관하기 위한 방법으로 가열법이 있어요. 식품을 가열해 그 열로 미생물의 활동을 늦추지요. 가열하는 온도가 높을수록 더 많은 미생물이 사라지겠지만 100℃ 이상의 고온으로 가열하면 오히려 식품 고유의 맛과 향, 영양 성분이 파괴되기도 하죠. 이럴 때 저온 살균을 해요.

🌟 고온 살균법

음식을 상하게 하는 미생물 대부분은 70℃ 정도의 열을 30분 정도 가하면 죽어요. 이런 특징을 살려서 100℃ 이상의 높은 온도로 식품을 가열한 뒤 보관하는 것이 고온 살균법이에요. 통조림 캔이나 병조림을 만들 때 주로 이 방법을 사용하지요.

🌟 우유 살균법

우유는 용기에 살균 온도와 살균 시간을 반드시 표시해야 해요. 우유 살균 방법은 저온 살균법 외에도 여러 가지가 있어요. 살균 온도가 높을수록 열에 강한 미생물도 살균이 되므로 안심하고 마실 수 있어요.

살균 방법	내용
저온 장시간 살균 (LTLT)	생우유를 63~65℃로 30분 동안 가열 살균하는 방법
고온 단시간 살균 (HTST)	생우유를 72~75℃로 15~16초 동안 가열 살균하는 방법
초고온 단시간 살균 (UHT)	생우유를 130~150℃로 0.5~5초 동안 가열 살균하는 방법

저온 살균법은 우유 외에도 와인, 치즈, 햄, 소시지 등을 만들 때 이용하는 방법이야!

두부 용기에 적힌 유전자 변형(GMO)이 뭐예요?

유전자 변형 농산물은 법적으로 재배할 수 없다고….

특정 생물의 유전자를 바꾸는 거예요

'유전자' 변형'은 생물의 유전자 순서를 바꾸거나 넣고 빼서 생물이 가진 단점을 없애 사람에게 도움을 주는 생물로 만드는 기술이에요. 이 기술로 농작물을 오래 보관하고 대량 생산할 수 있게 되어 먹을거리에 대한 걱정을 해결할 수 있어요. 유전자 변형(GMO) 식품은 이 기술로 만든 농산물이 들어간 식품이에요.

🟡 유전자 변형 식품의 안전성

사람이 일부러 유전자를 바꾼 유전자 변형 식품이 안전할까요? 지금은 괜찮아 보여도 언젠가 예상하지 못한 위험이 나타날까 불안해하는 사람이 적지 않아요. 우리나라에서는 아직 유전자 변형 농산물을 키울 수 없어요. 대신 유전자 변형 농산물을 원료로 한 식품에는 반드시 그 내용을 표시하도록 하고 있어요. 그래서 유전자 변형 콩으로 만든 두부에 '유전자 변형 콩 포함'이라고 표시하는 거예요.

🟡 유전자 변형 식품이 필요한 이유

해마다 늘어나는 세계 인구만큼 필요한 식량의 양도 늘어나요. 하지만 세계가 도시화하면서 식량을 기를 땅을 구하는 것이 무척 어려워졌어요. 유전자 변형 기술은 더 좁은 공간에서 간단하고 안전하게 농작물을 기를 수 없을까? 사람과 환경에 좋은 농작물을 효율적으로 기를 수 없을까? 이런 고민 끝에 나온 기술이에요.

🟡 유전자 변형 식품의 예

수입을 통해 판매하고 있는 유전자 변형 농산물과 가공식품, 사료 등에는 반드시 유전자 변형 식품 표시를 해야 합니다.

근처에 있는 것들 중 유전자 변형 식품(GMO) 표시를 찾아보자.

감자 스낵류 과자, 냉동 포테이토 등
대두 된장, 두부, 낫토 등
옥수수 콘 스낵류, 과자, 팝콘 등
유채(카놀라) 유채 기름(카놀라유) 등
사탕무 감미료 등
목화씨 목화유
알팔파 알팔파 새싹

 *유전자 생물의 고유 성질을 복제하기 위해 부모 세포로부터 전달받은 정보를 말해.

안전한 음식을 위한 위생학

'무첨가'란 무슨 뜻이에요?

첨가물을 사용하지 않는 것을 말해요

오래 보관하려고, 색을 입혀 맛있게 보이려고, 음식에 이런저런 첨가물을 넣기도 해요. 이런 첨가물을 넣지 않은 식품에 표기하는 게 바로 '무첨가'예요. 옛날에는 동물이나 식물에서 얻은 천연 재료로 첨가물을 만들었지만 지금은 대부분 화학적으로 만들어요. 지나치게 많이 먹으면 건강에 해를 끼치기도 해서 첨가물을 넣지 않은 제품을 알리기 위해 '무첨가'를 따로 표시하지요.

식품 첨가물이란?

식품을 오래 보관하기 위해 넣는 보존료, 모양이 아름답고 맛깔스러워 보이도록 색을 더해 주는 착색료, 맛을 낼 때 사용하는 조미료 등을 모두 아울러 식품 첨가물이라고 해요. 세계 여러 나라에서는 식품의 안전성을 위해 화학 조미료의 하루 사용량을 법으로 정해 관리하고 있어요. 우리나라도 사용할 수 있는 식품 첨가물의 종류와 양을 정해 두었어요.

무첨가 표기

식품 첨가물이 몸에 해롭다고 생각하기 때문에 무첨가 표시를 보면 건강한 제품이라고 생각하게 돼요. 그래서 많은 제품이 이 표시를 하지요. 하지만 첨가물이 전혀 들어가지 않은 제품은 거의 없어요. 그래서 보존료 무첨가나 착색료 무첨가 등 어떤 첨가물을 넣지 않은지 표시하는 게 더 바람직해요.

식품 첨가물의 예

안전성을 확인한 식품 첨가물만 쓸 수 있어요.

농약을 사용하지 않은 농산물도 있나요?

사랑만으로 자란 유기농 오이입니다.

유기농 농산물처럼 특별 농법으로 키운 농산물이 있어요

농업으로 인한 환경 오염을 줄이고 소비자를 보호하기 위해 농약과 화학 비료의 사용량 등을 기준으로 친환경 농산물을 분류하고 있어요. 특히 농약이나 화학 비료를 3년 이상 사용하지 않고 키운 농산물을 유기농 농산물이라고 해요.

🟡 농약의 역할

농작물은 자라는 동안 해충에게 공격을 당하거나 잡초에 영양분을 빼앗겨 병에 걸리기도 해요. 농약은 이런 피해로부터 농작물을 보호하는 역할을 해요. 우리가 병을 치료하거나 예방하려고 약을 사용하는 것처럼 농약은 농작물이 자라는 데 필요해요.

🟡 농약이나 화학 비료가 사람에게 미치는 영향

농작물에 남아 있는 농약이나 화학 비료 성분이 몸 안에 쌓이면 질병을 일으키기도 해요. 너무 많은 양이 아니라면 큰 문제는 없지만, 조금씩 쌓이다 보면 위험해질 수 있어요. 그래서 건강에 관심이 많은 사람들은 농약과 화학 비료를 줄이는 유기농 같은 특별 농법에 많은 관심을 가지고 있어요.

🟡 완벽한 무농약 식품이 있을까?

유기농 식품을 분류하는 기준은 농사를 지을 때 3년 이상 사용이 금지된 농약과 화학 비료를 뿌리지 않는 거예요. 아무리 주의를 기울여 무농약으로 농사를 지어도 이미 흙에 화학 성분이 들어 있거나 이웃 논밭의 영향을 받기도 해서 완전히 무농약 상태를 유지하는 건 어려운 일이에요.

🟡 친환경 농산물 표시

유기 농산물
3년 동안 유기합성농약과 화학 비료를 전혀 사용하지 않고 재배한 농산물이에요.

무농약 농산물
유기합성농약을 전혀 사용하지 않고 화학 비료는 권장량의 3분의 1 이하를 사용해 재배한 농산물이에요.

상한 음식을 먹으면 식중독에 걸리나요?

안전한 음식을 위한 위생학

어느 쪽에 식중독 균이 있을까?

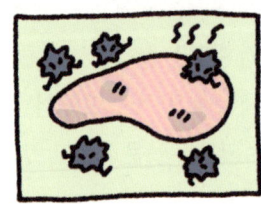
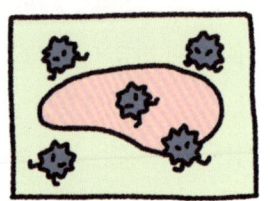

둘 다 나쁜 균이 묻어 있네?

모두 식중독에 걸리는 건 아니에요

상했다는 건 식품 속에서 미생물이 늘어나 먹을 수 없는 상태로 바뀌고 있다는 의미예요. 상했을 때 만들어지는 미생물 중에서 식중독을 불러오는 미생물이 식품에 묻어 있을 때 그것을 먹고 식중독에 걸리는 거예요.

식중독의 특징

식중독은 상한 음식을 먹거나 독성이 있는 음식을 먹으면 걸려요. 같은 장소에서 같은 음식을 먹어도 식중독에 안 걸리는 사람도 있어요. 식중독은 덥고 습한 여름에 걸릴 위험이 높지만 실제로는 여름보다 다른 계절에 더 많이 발생해요. 여름에는 음식물이 쉽게 상할 수 있다는 걸 충분히 알고 있어 더 신경 쓰는 반면 다른 계절에는 관리에 소홀하기 때문이에요. 식중독에 걸리지 않기 위해서는 항상 조심해야 해요.

식중독의 증상

음식을 먹고 증상이 나타날 때까지 걸리는 시간은 원인 물질에 따라 달라요. 몇 시간 만에 생기기도 하고 2주 정도 지나서 증상이 나타나기도 해요. 설사나 구토가 이어지면 몸 안에 수분이 줄어서 탈수 증상이 나타나고 심한 경우 목숨을 잃을 수도 있으니 주의가 필요해요. 마음대로 설사약을 먹거나 하면 원인균이 몸속에 그대로 머물러 증상이 더 나빠지기도 해요. 그러니 반드시 의사의 지시를 따라 주세요.

식중독의 원인

식중독을 일으키는 가장 큰 원인은 세균과 바이러스예요. 세균과 바이러스 같은 미생물이 사람 몸 안에 들어와 설사와 구토, 복통, 발열 등의 증상을 일으키죠. 식중독의 또 다른 원인으로 생선에 기생하는 기생충, 공업 약품이나 농약에 들어 있는 화학 물질, 식물에 들어 있는 자연 독 등이 있어요.

식중독을 일으키는 미생물에는 무엇이 있을까? 다음 쪽에 있는 분류표를 확인해 봐!

식중독의 원인

- **미생물**

- **자연 독**
  - 동물성 자연 독 — 복어(→156쪽), 모시조개 등 
  - 식물성 자연 독 — 독버섯(→158쪽), 감자 등

- **화학 물질** — 농약, 중금속(→160쪽), 히스타민 등

- **기생충** — 고래회충(→162쪽) 등

> 나한테 달라붙은 벌레가 나쁜 짓을 할지도 몰라!

세균성 식중독

우리에게 가장 흔한 식중독이 바로 세균성 식중독이에요. 세균성 식중독은 감염형과 독소형으로 나눌 수 있어요. 감염형은 식품 안에 있는 미생물이 늘어나면서 발생하고, 독소형은 독소를 가지고 있는 미생물로 인해 발생해요.

바이러스성 식중독

식재료가 가지고 있는 바이러스로 인해 발생하는 식중독이에요. 바이러스는 시간이 지나면 죽기 때문에 제품이 신선할수록 식중독 위험이 커진답니다. 바이러스성 식중독을 일으키는 대표적인 원인은 굴이나 바지락 같은 조개에 있는 노로바이러스예요.

안전한 음식을 위한 위생학

살모넬라 식중독은 어떻게 걸리나요?

 **살모넬라균에 오염된 달걀이나 닭고기를 먹었을 때 걸려요**

살모넬라 식중독은 세균성 식중독으로 주로 달걀이나 닭고기에서 발견되는 살모넬라균이 원인이에요. 살모넬라균은 오염된 물이나 음식을 통해 감염되고 개나 고양이, 거북이 같은 반려동물이 옮겨 감염될 수도 있어요.

🟢 특징

여름철에 많이 일어나는 세균성 식중독이에요. 날달걀이나 닭고기 같은 육류를 통해 감염되는 경우가 많아요. 저온에서는 세균의 활동이 둔해지므로 달걀이나 고기를 사 왔다면 바로 10℃ 이하 냉장고에 보관하는 게 좋아요. 세균은 고온에서 죽기 때문에 날고기는 75℃에서 1분 이상 가열해서 먹도록 하세요.

🟢 증상

적은 양의 균으로도 쉽게 감염될 수 있어요. 감염되면 1~2일 사이에 증상이 나타나요. 갑자기 39℃ 이상의 고열이 나기도 하고, 설사나 복통, 구역질, 구토 등이 일어나요. 보통은 하루 내지 며칠 안에 나아요. 아이나 노인은 균혈증* 같은 심각한 증상이 나타날 수도 있으니 주의가 필요해요.

🟢 예방법

① 달걀이나 날고기는 냉장고에 넣어 10℃ 이하로 보관해요.
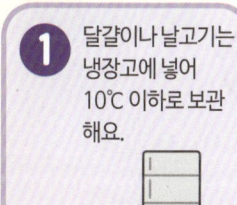

② 육류는 갈색을 띨 때까지 충분히 가열해요(75℃, 1분 이상).

③ 요리에 사용하는 그릇, 칼, 도마 등의 도구는 끓인 물로 소독해요.

④ 반려동물을 만졌다면 반드시 손을 씻어요.
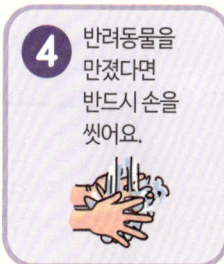

🟢 외식이나 가공품도 주의

여름철에는 살모넬라 식중독을 일으키는 재료를 날로 먹는 것은 피하세요. 불로 충분히 익혀 주세요. 집에서 직접 만든 마요네즈 같은 달걀 가공품으로도 감염된 사례가 있으니 달걀은 꼭 저온에서 보관해 주세요.

> 살모넬라균이 활발해지는 온도는 35~43℃. 여름은 기온이 35℃를 넘는 날이 많아서 재료를 상온에 두는 건 위험하구나.

 *균혈증 세균이 피를 타고 온몸을 돌아다니면서 심각한 증상을 일으키는 거야.

안전한 음식을 위한 위생학

황색 포도상 구균 식중독의 증상은 뭐예요?

 열은 별로 안 나지만 침이 많이 나오고 설사와 복통, 구토가 생겨요

황색 포도상 구균은 엔테로톡신이라는 독소를 내뿜어요. 이 독소를 먹으면 식중독에 걸리는 거예요. 식중독이 위중해지면 설사나 구토를 심하게 해 탈수 증상으로 이어지며 갑자기 탈진하기도 해요.

 특징

황색 포도상 구균은 사람이나 동물의 피부에 많아요. 건강한 사람의 30~50%가 이미 가지고 있을 만큼 흔한 균이에요. 환경에 잘 적응하는 균으로, 상처 부위에서 특히 잘 늘어나요. 한번 독소가 생기면 가열하거나 말려도 좀처럼 사라지지 않지요. 김밥이나 샌드위치처럼 손으로 만든 음식을 통해 감염되는 경우가 많아요.

 증상

감염되어 증상이 나타날 때까지 걸리는 시간은 1~5시간 정도로 짧은 편이에요. 보통 3시간 정도면 증상이 나타나요. 처음에는 평소보다 침이 많이 나고 시간이 지나면 심한 구토나 설사를 하고 배가 많이 아파요. 열은 거의 없어요. 대부분 하루 이틀 지나면 나아져요. 설사나 구토가 나타나면 탈수로 이어지지 않도록 주의하세요.

조심할 점

사람 손이나 피부에 항상 존재하는 균이기에 맨손으로 요리할 때는 주의가 필요해요. 상처 있는 손으로 직접 음식을 만지면서 요리하지 마세요. 만들어서 바로 먹는 게 아닌 도시락 같은 음식을 준비할 때는 재료를 손으로 직접 만지지 말고 비닐장갑을 사용하세요.

균이 닿지 않도록 신경 쓰기

황색 포도상 구균은 열에 강해서 100℃로 60분 동안 가열해도 독소가 죽지 않아요. 음식에 균이 닿지 않도록 신경 쓰는 게 가장 중요해요.

황색 포도상 구균은 많은 사람이 가지고 있는 균이구나.

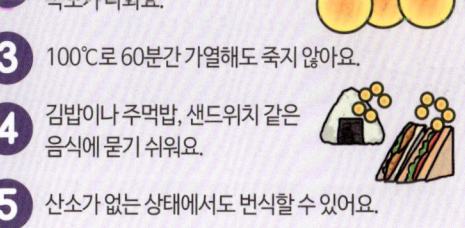

1. 손이나 피부에 묻어 있어요.
2. 음식에 묻어 번식하면 독소가 나와요.
3. 100℃로 60분간 가열해도 죽지 않아요.
4. 김밥이나 주먹밥, 샌드위치 같은 음식에 묻기 쉬워요.
5. 산소가 없는 상태에서도 번식할 수 있어요.

안전한 음식을 위한 위생학

노로바이러스는 왜 유행하는 거죠?

 **감염력이 강해서 적은 양으로도 많은 사람을 감염시킬 수 있기 때문이에요**

노로바이러스는 굴 같은 조개류에 들어 있는 바이러스예요. 조개를 날로 먹으면 감염이 잘돼요. 사람에게 퍼지는 힘이 강해 굉장히 적은 양의 바이러스로도 많은 사람을 감염시킬 수 있어요. 그만큼 집단 감염이 쉬운 바이러스로 알려져 있어요.

 **특징**

겨울에 유행하는 식중독이에요. 굴 같은 조개류를 겨울에 많이 먹기도 하고 노로바이러스가 춥고 건조한 환경을 좋아하기 때문이에요. 열에도 강해서 60℃로 30분간 데워도 죽지 않아요. 산 성분이나 알코올에서도 잘 버틸 수 있어서 알코올 소독을 해도 그다지 살균 효과를 기대할 수 없어요.

 **증상**

감염되면 하루 이틀 안에 열이 나거나 토하는 등 증상이 나타나요. 갑자기 구역질이 올라오거나 배가 아프고 설사를 하기도 해요. 증상은 보통 하루 이틀이 지나면 가라앉지만, 바이러스가 대변으로 계속 나올 수 있으니 일주일에서 한 달 정도는 주의해야 해요. 토사물 속에도 바이러스가 많기 때문에 처리할 때 신경 써야 해요.

예방법

굴 같은 어패류를 먹을 때는 85~95℃의 끓는 물로 90초 이상 가열해요. 사용한 칼이나 도마, 그릇 등도 끓는 물로 소독해요. 요리할 때는 비누로 손을 깨끗이 씻어야 해요. 만약 주변에서 노로바이러스에 감염된 사람이 나왔다면 알코올 대신 염소 표백제*를 엷게 푼 물로 소독하세요.

바지락이나 조개도 어패류라서 노로바이러스를 가지고 있어. 하지만 날로 먹는 게 주로 굴이라서 뉴스에서 항상 굴로 인한 식중독이 나오는 거야.

***염소 표백제** 흰색 옷이나 수건을 빨 때 사용하는 세제야. 포장 용기에 '다른 세제와 혼합 사용하면 위험하다'라는 내용이 적혀 있고 물에 풀면 수영장 냄새가 나.

안전한 음식을 위한 위생학

굴을 먹고 탈이 난다는 게 무슨 뜻이에요?

굴을 먹고 배가 아프거나 토를 하는 거예요

굴은 날로 먹는 것을 즐기는 음식이기 때문에 식중독을 일으키기 쉬워요. 굴을 먹고 식중독에 걸리는 주된 원인은 노로바이러스예요. 굴을 먹고 나서 하루 이틀 뒤에 심한 구역질과 설사가 나타나면 탈이 난 거예요.

🌟 원인

굴과 같은 조개류는 플랑크톤을 먹으면서 살아요. 이때 바닷속에 있는 노로바이러스를 같이 들이마시곤 해요. 이를 제대로 뱉어 내지 못한 상태의 굴을 사람이 먹게 되면 노로바이러스가 사람의 몸 안으로 들어와 식중독을 일으켜요.

🌟 또 다른 원인

굴 알레르기*가 있는 사람이 굴을 먹으면 몇 시간 안에 설사나 복통 같은 증상이 나타나요. 드물지만 생명에 지장을 주는 아나필락시스 쇼크*가 일어나기도 해요. 굴 알레르기가 있는 경우, 언제 어떤 상태의 굴을 먹든 알레르기 증상이 나타나요. 나에게 굴 알레르기가 있는지 미리 알아 두세요.

🌟 굴을 먹고 탈이 나지 않으려면

굴을 먹고 탈이 나지 않으려면 다음 사항을 신경 쓰세요.

1. 조리 도구를 깨끗하게 관리해요.
2. 요리하기 전에 손을 씻어요.
3. 충분히 익혀서 먹어요.
   노로바이러스: 85~90℃, 90초 이상
   장염 비브리오: 60℃, 10분 이상
4. 몸 상태가 좋지 않을 때는 먹지 말아요.
5. 알레르기가 있는지 알아 둬요.

 *알레르기 몸 안으로 특정 이물질이 들어왔을 때 이를 거부하려는 반응이 과하게 일어나 여러 가지 이상 증상이 나타나는 것을 말해.
*아나필락시스 쇼크 알레르기 증상이 짧은 시간 내에 급격히 일어나 혈압이 떨어지고 의식 장애가 생기는 등 전신이 위험한 상태에 놓이는 것을 말해.

안전한 음식을 위한 위생학

복어에 독이 있다는 게 진짜예요?

복어는 몸속에 독을 가지고 있어!

네, 진짜예요

복어는 겨울에 더 맛있는 생선이라 이때 복어로 인한 식중독이 많이 발생해요. 바로 복어가 가지고 있는 독 때문이에요. 복어 식중독은 증상이 심각해지는 경우가 많고 적은 양으로도 목숨을 잃을 수 있어 조심해야 해요.

특징

동물이 가지고 있는 독에 의해 일어나는 동물성 식중독이에요. 그중 복어에 들어 있는 테트로도톡신은 100℃에서 4시간을 가열해도 독성이 사라지지 않아요. 독이 있는 부분을 먹으면 20분~3시간 사이에 증상이 나타나는데, 대개 그 시간이 짧을수록 증상이 심해요. 신경계에 마비가 와서 입이나 혀의 감각이 사라지고 손발을 움직일 수 없고 심한 경우, 숨 쉬는 게 어려워지기도 해요. 치료법도 없어서 8~9시간 내로 죽을 수도 있어요. 복어의 독은 주로 복어의 근육이나 껍질, 난소, 간 등에 있어요. 이 부분을 확실히 도려내고 먹어야 해요.

복어 독으로 탈이 나지 않으려면

동물성 식중독 중 약 80%가 복어를 먹은 뒤에 일어나요. 대부분 가정에서 요리한 경우이지요. 복어는 종류가 많고 종류마다 독을 가지고 있는 부위, 독성 정도도 달라요. 제대로 알지 못하는 사람이 요리하면 매우 위험하죠. 반드시 복어 조리 자격을 가지고 있는 전문가가 요리한 음식을 먹어야 해요.

안전한 음식을 위한 위생학

숲에 있는 버섯, 먹어도 되나요?

식중독을 일으키는 독버섯도 있어요

우리나라에는 2,000가지가 넘는 버섯이 자라고 있어요. 그중 245가지 버섯에는 독이 있어서 사람이 먹으면 중독 증상을 일으켜요. 먹을 수 있는 버섯은 400가지 정도인데 눈으로 보고 구분하기는 매우 어려워요. 독성은 없지만 먹을 수 없는 버섯도 많으니 함부로 먹지 않도록 조심하세요.

자연 독

독버섯처럼 식물이 본래 가지고 있는 독을 자연 독이라 해요. 이렇게 자연 독을 가진 버섯이 245가지 정도 있는데, 그중 붉은사슴뿔버섯, 개나리광대버섯, 독우산광대버섯, 붉은싸리버섯, 절구버섯 등이 대표적인 독버섯이에요. 버섯 말고도 흰독말풀, 자리공, 투구꽃 등과 같은 풀에도 독이 있어요.

독버섯을 먹었다면

독버섯을 먹은 뒤에는 소화기와 뇌·신경 관련 부위에서 증상이 나타나요. 소화기 증상은 버섯을 먹은 뒤 20분~2시간 사이에 나타나는 구역질이나 복통, 설사 등이에요. 증상이 심해지면 간이나 췌장에 문제가 생기기도 해요. 뇌·신경 증상은 먹은 뒤 10분~2시간 사이에 침이나 땀이 많이 나고 헛것을 보거나 어지럼증, 언어 장애로 나타나요.

똑같이 생긴 버섯들

독버섯과 식용 버섯은 매우 닮았어요. 독버섯은 열을 가해 요리해도 독성분이 사라지지 않으니 주의가 필요해요.

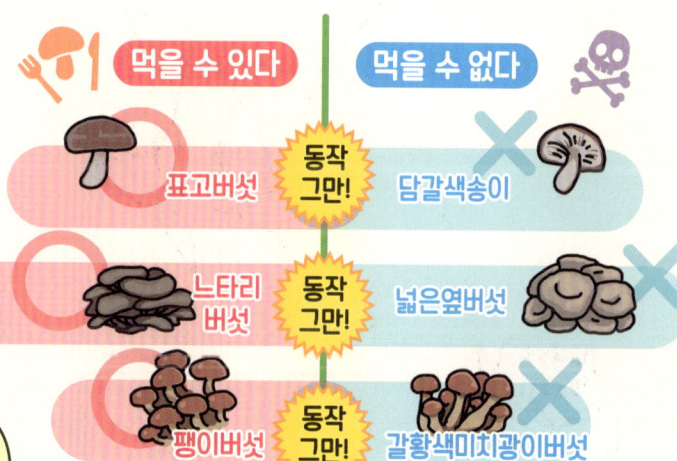

산에서 캐 온 버섯이나 마당에서 저절로 자란 풀은 먹지 않는 게 좋겠어.

안전한 음식을 위한 위생학

물병에 음료수를 넣어도 괜찮나요?

물통 소재에 따라 주의가 필요해요

물통은 음료수나 차, 물 등을 담아서 가지고 다닐 수 있어서 편해요. 하지만 잘못 사용하면 식중독의 원인이 되기도 해요. 특히 스포츠 음료나 탄산 음료는 강한 산성이라 금속 재질 물통에 담아 두면 산 성분이 금속을 녹일 수도 있기 때문에 조심해야 해요.

화학성 식중독

보온병에 스포츠 음료를 담아 두고 마시면 위험해요. 보온병을 만들 때 구리가 사용되는데, 병 안쪽에 생긴 작은 흠집에 스포츠 음료가 닿으면 구리가 음료에 녹아들어 몸 안으로 들어와요. 그러면 식중독 증상이 나타나게 되지요. 이처럼 화학 물질이나 공업 약품, 농약 등으로 일어난 식중독을 화학성 식중독이라고 해요.

주의 사항

구리 성분이 몸 안으로 들어오면 구역질이나 구토, 설사 같은 식중독 증상이 나타나요. 금속을 사용한 보온병이라고 다 그런 건 아니에요. 보통은 안쪽에 코팅이 잘 되어 있어서 금속이 녹아 나오는 경우는 드물어요. 보온병이 낡았거나 흠이 있는 경우에만 스포츠 음료와 반응하는 거예요. 그러니 스포츠 음료를 담을 때는 보온병 상태를 확인해 주세요.

화학성 식중독의 예

화학성 식중독은 두 가지 경우로 나눠요. 부주의하거나 잘못 사용해서 음식에 독성 물질이 섞였을 경우와 음식의 성질이 변하면서 화학 물질이 생겨난 경우예요.

- 식품 첨가물을 잘못 사용했을 때
- 식품 첨가물을 많이 사용했을 때
- 음식에 농약이 섞였을 때
- 농약을 많이 사용했을 때
- 등 푸른 생선(붉은 살 생선) 알레르기로 인한 식중독

화학성 식중독은 모든 사람이 원칙이나 사용법을 잘 지키면 없어질 수도 있겠어!

고래회충이 뭐예요?

생선 몸속에 사는 기생충이에요

고래회충은 사람이나 동물 몸속에 자리 잡고 살아가는 기생충이에요. 기생충은 기생하던 동물이 죽어도 한동안 거기에 달라붙어 살아요. 특히 고등어나 대구, 오징어에 많이 있어요. 고래회충은 내장과 근육 사이를 오가기 때문에 생선의 내장을 제거해도 남아 있어요. 생선을 많이 먹는 우리나라나 일본에서 많이 발견된다고 해요.

 **특징**

돌고래나 고래의 위에 기생하기 때문에 고래회충이라고 불러요. 고래회충은 길이 2~3㎝ 정도로 흰 실처럼 생겨서 눈으로 볼 수 있어요. 60℃에서 1분 이상 가열하면 죽기 때문에 익혀서 먹으면 안심이에요. 특히 고등어, 전갱이, 꽁치 같은 생선의 내장 겉면에 많아요.

 **증상**

날생선을 먹으면서 살아 있는 고래회충을 같이 먹게 되면 고래회충이 사람의 내장 벽에 어떻게든 붙으려고 애쓰지요. 그 과정에서 심한 복통이 찾아오고 설사나 구토도 같이 일어나요. 증상은 대개 식후 몇 시간 내지는 수십 시간 안에 나타나요. 그나마 다행은 고래회충이 사람 몸속에서는 4~5일 정도 지나면 죽는다는 것이에요.

 **예방법**

날생선을 먹을 때는 정말 조심해야 해요. 고래회충은 미생물과 달리 눈에 보여요. 먹기 전에 꼼꼼히 살펴보세요.

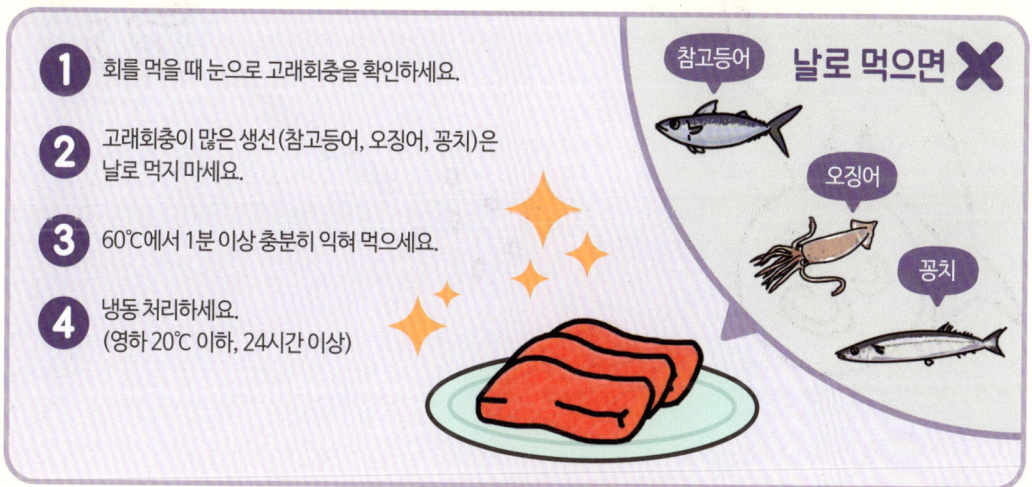

① 회를 먹을 때 눈으로 고래회충을 확인하세요.
② 고래회충이 많은 생선(참고등어, 오징어, 꽁치)은 날로 먹지 마세요.
③ 60℃에서 1분 이상 충분히 익혀 먹으세요.
④ 냉동 처리하세요. (영하 20℃ 이하, 24시간 이상)

참고등어 / 오징어 / 꽁치 — 날로 먹으면 ✗

🌟 기생충이란?

기생충은 어패류뿐 아니라 채소, 게, 붕어나 잉어 같은 민물고기, 돼지고기, 소고기, 말고기에도 있어요. 기생충으로 인한 식중독은 주로 음식과 함께 기생충을 먹어서 생겨요. 기생충이 있기 쉬운 음식들은 먹기 전에 미리 살펴보고 날로 먹지 않으며 조리할 때에는 깨끗이 씻어서 기생충이나 기생충 알을 없애야 해요.

🌟 기생충이 사람 몸 안으로 들어오는 과정

돌고래나 고래의 위에 기생하는 고래회충이 어떻게 사람에게 식중독을 일으키는지 살펴볼게요.

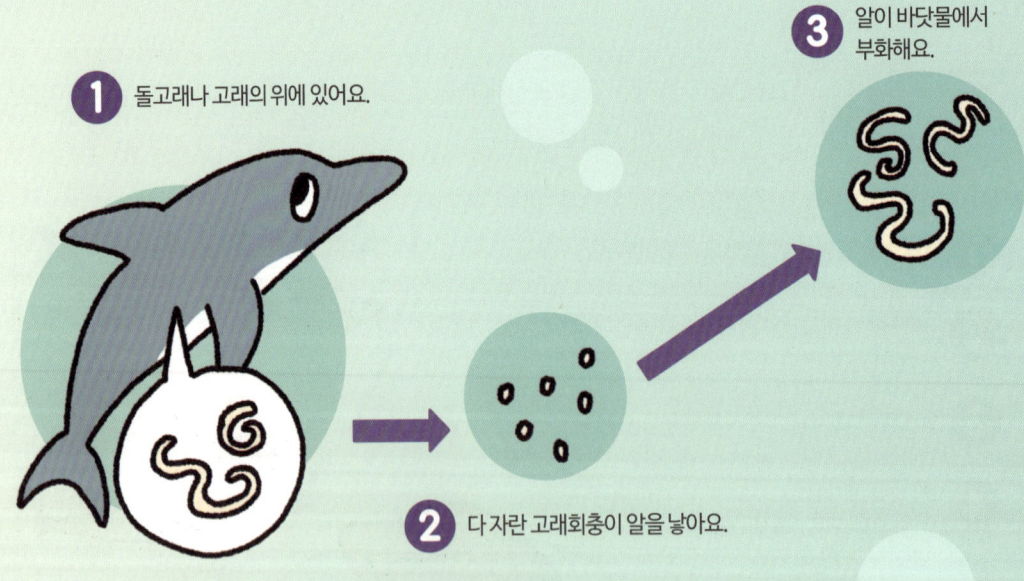

1. 돌고래나 고래의 위에 있어요.
2. 다 자란 고래회충이 알을 낳아요.
3. 알이 바닷물에서 부화해요.

고래회충이 사람 몸 안으로 들어오면 위나 장에 자리를 잡고 돌아다니는구나.

엄청 아플 것 같아. 기생충 식중독에 걸리지 않도록 해야지.

④ 오징어나 물고기가 플랑크톤과 함께 부화한 고래회충을 잡아먹어요.

⑤ 오징어나 물고기를 사람이 먹어요.

⑥ 고래회충이 사람 위나 장의 벽에 달라붙어요.

⑦ 식중독 증상(심한 복통, 구역질, 설사)이 나타나요.

안전한 음식을 위한 위생학

식중독 예방법을 알려 주세요!

식중독 해결사들

묻히지 않기, 늘리지 않기, 해치우기가 중요해요

식중독에 걸리면 구토와 설사 같은 고통스러운 증상이 나타나요. 걸린 뒤보다 걸리기 전에 제대로 예방하는 일이 중요해요. 예방의 세 가지 원칙은 묻히지 않기, 늘리지 않기, 해치우기예요. 이 세 가지 원칙을 철저하게 지켜서 식중독의 원인이 되는 미생물이 몸 안으로 절대 들어오지 못하도록 하세요.

🌸 묻히지 않기

세균이나 바이러스가 어디에도 묻지 않도록 깨끗하게 관리해야 해요. 세균이나 바이러스는 손이나 조리 도구 심지어 공기 중에도 존재해요. 요리하기 전에 이것들을 미리 씻어 내세요. 그릇에 묻은 수많은 미생물을 어느 정도는 줄일 수 있어요. 단순히 씻는 게 아니라 뜨거운 물이나 알코올 등으로 소독하는 것도 좋아요. 재료와 재료 사이를 옮겨 다니기도 하기 때문에 고기나 생선 같은 재료는 다른 재료와 떨어뜨려 놔 주세요.

🌸 늘리지 않기

세균은 높은 온도와 습한 환경을 매우 좋아해요. 반대로 10℃ 이하에서는 활동이 둔해지고, 영하 18℃ 이하에서는 번식하지 않아요. 온도를 낮게 조절하면 균이 늘어나는 속도가 느려지므로 사 온 음식은 곧장 냉장고에 넣어 주세요.

🌸 해치우기

주방용 세제로 잘 씻은 뒤 뜨거운 물을 끼얹어 소독해야 해요. 세균이나 바이러스가 전혀 없는 상태로 만드는 건 어렵지만, 가능한 한 미생물을 해치운 뒤 먹는다면 안심이에요.

세균이나 바이러스 종류마다 번식하기 좋은 온도와 환경 등이 다르구나. 각각의 특징을 잘 살펴서 예방에 더 신경 써야겠어.

🟡 가지고 있지 않기

묻히지 않기, 늘리지 않기, 해치우기 이 세 가지 원칙도 결국엔 세균이나 바이러스를 가지고 있지 않기 위한 것이죠. 특히 바이러스성 식중독은 극히 적은 바이러스로도 식중독을 일으킬 수 있으니 '가지고 있지 않기'가 가장 중요해요. 구토나 설사 증상이 있을 때는 요리를 하지 않는 편이 좋아요. 혹시라도 바이러스를 가지고 있다면 손을 씻고, 조리 도구를 소독하고, 음식에 균을 묻히지 말고, 묻은 바이러스는 없애야 해요.

🟡 식중독 예방

가정에서 실천할 수 있는 6가지 식중독 예방법을 소개해요.

① 장보기
- 유통 기한을 확인하세요.
- 고기나 생선은 가장 마지막에 고르고, 따로 나눠 담아요.
- 다른 곳에 들르지 말고 곧장 집으로 가세요.

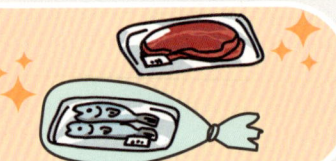

② 보관하기
- 집에 돌아오면 곧바로 재료를 냉장고에 넣어요.
- 냉장고는 10℃ 이하를 유지, 냉동고는 영하 18℃를 유지해요.
- 냉장고 속은 70% 정도만 채워요.
- 고기나 생선은 물기가 흘러나오지 않도록 잘 포장해 보관해요.
- 냉장고 문은 되도록 적게 열고 닫아요.

③ 밑 손질
- 냉동식품은 냉장고에서 해동하세요.
- 타월이나 행주는 깨끗한 것으로 자주 바꿔 줘요.
- 지하수는 수질 상태에 주의해요.
- 쓰레기는 자주 비워요.
- 고기, 생선은 날로 먹을 수 있는 재료와 따로 둬요.
- 채소도 자주 씻어요.
- 칼, 행주 등은 씻은 다음 소독해요.
- 손을 자주 씻어요.

🌸 조리 도구의 보관

행주나 도마, 칼 같은 조리 도구는 사용한 뒤 세제로 깨끗이 씻어요. 뜨거운 물로 소독하는 열탕 소독도 정기적으로 해 주는 게 좋아요. 열탕 소독은 끓는 물에 1분 이상 하는 게 효과적이에요. 또 도구를 소독용 에탄올로 소독하거나 염소 표백제에 담갔다가 닦으면 바이러스가 사라져요.

④ 요리

- 요리 전에 손을 씻어요.
- 주방은 청결하게 관리해요.
- 요리를 중간에 멈췄다면 음식은 냉장고에 넣어 둬요.
- 재료를 충분히 익혀요.
- 전자레인지를 사용할 때는 음식에 열이 골고루 닿도록 신경 써요.

⑤ 식사

- 식사 전에도 손을 씻어요.
- 깨끗한 그릇과 도구를 사용해요.
- 음식을 실온에 오래 두지 마세요.

⑥ 남은 음식

- 음식을 만지기 전에 손을 씻어요.
- 깨끗한 그릇이나 도구에 옮겨 담아 보관해요.
- 빨리 식을 수 있도록 적은 양으로 나눠 둬요.
- 음식이 오래되었거나 조금이라도 이상한 느낌이 들면 바로 버려요.
- 다시 데워 먹을 때는 충분히 열을 가해요.

안전한 음식을 위한 위생학

음식은 어떻게 보관해야 하나요?

포장지에 적힌 보관법을 확인하세요

음식을 먹고 식중독에 걸리지 않으려면 세균이나 바이러스가 활동하지 못하도록 보관해야 해요. 미생물은 10℃ 이하 온도에서 활동이 더뎌지고 영하 18℃ 이하로 떨어지면 아예 활동할 수 없어요. 사 온 음식은 재빨리 냉장고에 넣으세요. 하지만 뭐든 냉장고에 넣는게 아니라 식품마다 포장지 라벨에 보관법을 적어 두었으니 알맞은 보관법을 확인하세요.

⭐ 보관 방법

어떤 음식이든 오래 보관할 수 없기에 신선식품뿐 아니라 가공이나 조리 과정을 거친 가공식품에도 보관 방법이 적혀 있어요. '직사광선을 피하고 상온에서 보관해요' 또는 '냉장 보관(10℃ 이하)' 등으로 표시해요. 올바른 보관 방법은 식품마다 달라서 식품 표시를 제대로 확인해야 해요.

⭐ 개봉 뒤 보관

식품 표시에 '개봉한 뒤에는 빨리 드시기 바랍니다'라고 적힌 걸 본 적 있지요? 식품 표시에 적힌 보관 방법은 물건을 구입한 상태에서 어떻게 보관해야 하는지를 설명하는 거예요. 일단 한번 덮개를 열었다면 공기가 닿아 세균이나 바이러스가 늘어날 수 있어요. 그러니 개봉한 음식은 낮은 온도에서 보관하고 최대한 빨리 먹어야 해요.

⭐ 음식을 고를 때 주의 사항

가공식품에는 반드시 식품 표시가 적혀 있어요. 이 표시를 잘 활용하여 보관하세요. 고기나 생선 같은 신선식품을 살 때는 개별 비닐봉지에 담아서 물기가 다른 재료나 장바구니에 묻지 않도록 주의해요. 냉장 또는 냉동이 필요한 식품은 가장 마지막에 골라 담아 집에 도착할 때까지 식품 온도가 올라가지 않도록 드라이아이스나 얼음 팩을 활용하는 등 여러 방법을 고민해 보세요.

⭐ 재료를 사 올 때

재료를 살 때도 식중독을 막기 위해 할 수 있는 일들이 있어요.

신선한 제품으로 골라요.

집에서 가까운 곳에서 장을 보고, 집으로 곧장 돌아오세요.

얼음 팩이나 드라이아이스도 받아 둬요.

비닐봉지를 활용해 재료의 물기가 다른 곳으로 이동하지 않도록 주의해요.

🌸 남은 음식 보관할 때

다 먹지 못한 음식을 버리자니 아까운 생각이 들지요? 먹을 만큼만 식탁에 올리고 남은 음식은 깨끗한 접시나 보관 용기에 옮겨 담아요. 음식이 아직 따뜻하다면 빨리 식도록 가능하면 넓고 평평한 용기를 골라요. 냉장고에 넣더라도 며칠 안에는 다 먹도록 해요. 냉동고에 넣어 두면 조금 더 오래 보관할 수 있는 음식도 있답니다.

🌸 보관 방법

숟가락이나 입에 한 번 닿은 음식은 세균이 늘어나는 속도가 무척 빨라져요. 음식을 너무 많이 만들었다면 먹기 전에 사용하지 않은 젓가락으로 적당한 양을 덜어 두세요. 또 온도가 높은 상태가 이어지면 세균이나 바이러스가 늘 수 있기 때문에 뜨거운 음식은 빨리 식혀야 해요. 보관 용기를 만졌을 때 뜨겁지 않을 정도로 식으면 냉장고나 냉동고에 넣어 보관하세요.

냉장고는 안전할까요?

냉장고는 음식을 보관하는 데 없어서는 안 될 물건이에요. 하지만 냉장고도 잘못 사용하면 오히려 위험할 수 있어요. 냉장고 안 온도를 일정하게 유지하는 것, 항상 깨끗하게 두는 것, 음식을 꽉꽉 채우지 않는 것 등 냉장고 사용에 주의를 기울여 주세요. 무엇보다 이미 개봉한 음식은 빨리 먹도록 해요.

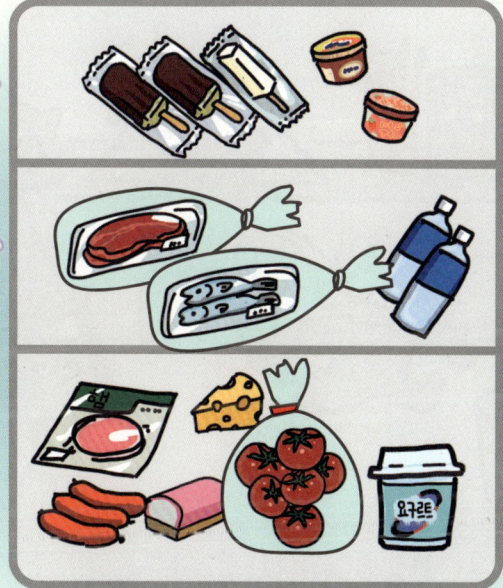

문을 열었다면 빨리 닫고, 여닫는 횟수도 줄여 보세요.

냉장고는 10℃ 이하, 냉동고는 영하 18℃ 이하를 유지해요.

꽉꽉 채워 넣기보다 공간의 70% 정도만 사용해요.

고기나 생선의 물기가 냉장고나 다른 재료에 닿지 않도록 깨끗한 비닐봉지에 옮겨 담아요.

냉장고 안을 늘 깨끗하게 유지하고 정기적으로 청소해요.

냉장고 안에 오래된 음식은 없으려나? 자주 정리 정돈해 보는 것도 좋겠다.

안전한 음식을 위한 위생학

요리할 때 무엇을 주의해야 하나요?

주방은 늘 깨끗해야 해요

주방에서 요리를 시작할 때 '청소는 평소 열심히 하고 있으니까'라는 생각으로 밑 준비를 하지 않는 건 매우 위험해요. 요리 바로 전에 손이나 조리 도구를 깨끗이 씻고 필요한 물건들은 열탕 소독해 두고 조리대 위에 놓인 쓰레기는 치우는 등 주방을 깨끗하게 하는 버릇을 들이세요.

밑 준비

요리할 때는 어떤 장소에 어떤 세균이나 바이러스가 묻어 있을까 생각할 수 있어야 해요. 손은 여러 물건을 만지기 때문에 그만큼 세균도 많아요. 요리하기 전은 물론이고 요리하면서도 손을 자주 씻어 주세요. 조리 도구는 물론이고 행주나 타월도 세균이 잘 번식해요. 조리 전에 잘 세탁하고 소독해 주세요. 음식물 쓰레기는 미리미리 버리고 주방은 늘 깨끗하게 정돈하세요.

요리 중에

가열은 식중독을 막는 가장 좋은 방법이에요. 75℃ 온도로 1분 이상 끓이기만 해도 세균이나 바이러스를 죽일 수 있어요. 세균이나 바이러스는 조리 도구나 식재료에서 다른 재료로 옮겨 다니기도 해요. 고기와 채소는 조리 도구를 나눠서 사용하고 재료끼리 서로 닿지 않도록 하는 등 주의가 필요해요. 요리가 끝나고 식사할 때까지 시간 간격이 있다면 랩을 씌우거나 냉장고에 넣어 세균이나 바이러스가 묻지 않도록 신경 쓰세요.

음식을 다시 데울 때

보관하고 있던 요리를 다시 데울 때도 음식 속까지 75℃ 이상이 되도록 충분히 가열해요. 냄비로 데울 때도 일부만 따뜻해지지 않도록 잘 저어 주세요. 전자레인지를 사용하는 것도 좋은 방법이지만, 열이 고르게 전달되지 않을 수 있어요. 그럴 때는 전자렌지를 잠깐씩 멈춰서 잘 섞은 다음 돌리면 음식 전체를 따뜻하게 데울 수 있어요.

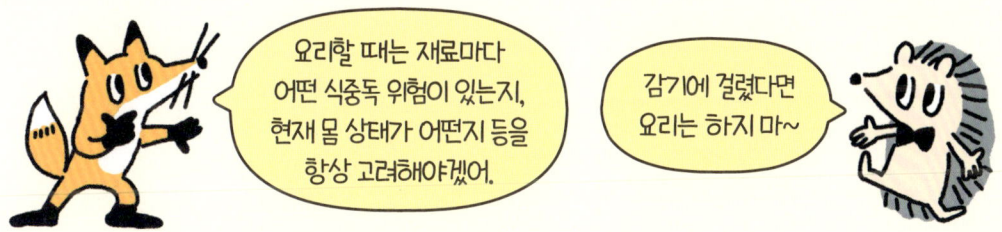

음식을 보관하는 방법

음식이 상하지 않도록 보관하는 방법을 소개할게요.

냉장법·냉동법·저온 저장법

냉장법은 음식을 냉장고에서 저온 상태로 유지하는 방법이에요. 냉동법은 음식을 오랜 기간 저장해야 할 때 사용하는 방법으로, 세균이 더 늘지 않는 영하 18℃ 이하에서 보관하는 방법이에요. 저온 저장법은 냉장과 냉동의 중간 온도로 보관하는데, 보통 온도가 영하 1℃~영상 5℃ 사이예요.

건조법

미생물 번식에 필요한 수분을 없애기 위해 건조하는 방법이에요. 바깥에서 말리는 자연 건조, 기계를 사용해 건조하는 인공 건조가 있어요.

가열법

열을 가해 음식 속에 있는 미생물을 없애는 방법이에요. 통조림 캔이나 병조림 등을 만들 때 사용해요.

식품 첨가물의 활용

화학품을 사용해 미생물이 번식하는 과정을 막는 방법이에요. 보존료나 곰팡이 방지제 등이 있어요.

절임법 (소금·설탕·식초)

음식에 소금이나 설탕, 식초를 넣어 보관하는 방법이에요. 소금이나 설탕을 사용하면 물이 생기는것을 어느 정도 막을 수 있어요.

훈연법
오래전부터 고기나 생선의 변질을 막기 위해 이용한 방법이에요. 참나무 장작을 태우면 나오는 연기를 식품 표면에 쬐면서 익혀요.

진공 포장법
음식을 플라스틱 용기나 비닐에 넣고 포장지 내부 공기를 완전히 빼내 밀봉해서 포장하는 방법이에요.

✿ 저장 음식

냉장고가 없던 시절에도 사람들은 음식을 오래 보관하기 위해 지혜를 모아 왔어요. 그 방법이 지금까지도 쓰이고 있어요.

말리기
말린 버섯, 말린 미역, 말린 과일 등

식초로 절이기
고등어 초절임, 피클 등

소금으로 절이기
채소 절임, 매실 절임 등

얼리기
언두부, 냉동식품 등

연기로 태우기
살라미, 육포 등

발효하기
김치, 치즈 등

설탕으로 절이기
잼, 과일청 등

먹다 남은 딸기로 잼을 만들었어. 빵에 발라 먹으면 엄청 맛있고, 한동안 마음껏 먹을 수 있어!

어린이 기호식품 품질인증

🟢 어린이 기호식품이 뭐예요?

과자, 초콜릿, 탄산음료 등 어린이들이 좋아하거나 자주 먹는 식품을 '어린이 기호식품'으로 정해서 관리하고 있어요.

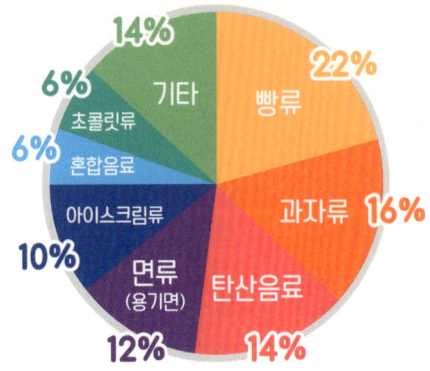

- 기타 14%
- 빵류 22%
- 과자류 16%
- 탄산음료 14%
- 면류(용기면) 12%
- 아이스크림류 10%
- 혼합음료 6%
- 초콜릿류 6%

🟢 어떤 식품에 품질인증을 하고 있나요?

식품 안전성을 인증받은 곳에서 만들고, 고열량·저영양, 고카페인 식품이 아니며 영양소를 두루 갖춘, 타르색소와 보존료를 사용하지 않은 '어린이 기호식품'에 품질인증을 해요. 2022년 1월 기준으로 모두 368개의 제품이 인증되었어요. 식품안전나라 홈페이지에서 품질인증 식품을 확인할 수 있어요.

가공식품
과자 및 캔디류, 빵류, 초콜릿류, 어육 가공품 중 어육소시지, 면류(용기에 든 면), 빙과류와 아이스크림, 음료류*, 유가공품 중 가공유와 발효유, 즉석섭취 식품 중 김밥, 햄버거, 샌드위치

조리식품
제과·제빵류, 햄버거, 피자, 아이스크림류, 어린이 식품안전보호구역* 조리판매 음식**

*과·채주스, 과·채음료, 탄산음료, 유산균음료, 혼합음료 (단, 주로 성인이 마시는 음료임을 제품에 표시, 광고하는 탄산음료, 혼합음료는 제외)
** 라면, 떡볶이, 꼬치류, 어묵, 튀김류, 만두류, 핫도그 등

 *어린이 식품안전보호구역 어린이를 보호하기 위해 안전하고 위생적인 식품 판매 환경을 만들고, 균형 잡힌 식생활을 할 수 있도록 학교와 학교 주변 200m 범위를 어린이 식품안전보호구역으로 정해 관리하고 있어.

4장

재난 생활 속 위생학

재난 시 대피 생활

재난 생활 속 위생학

대피소에서 생활할 때 무엇을 조심해야 하나요?

자기 방 이불도 이렇게 깔끔히 정리하면 좋으련만….

감염병이나 식중독이 퍼지지 않도록 깨끗한 환경을 유지해요

큰 사고나 재해가 일어났을 때는 지역 주민들이 대피소에 모여 함께 생활할 수밖에 없어요. 익숙하지 않은 생활로 몸과 마음의 균형이 무너지고 면역력도 약해져요. 주변을 깨끗하게 정돈하여 감염병이나 식중독이 일어나지 않도록 신경 쓰는 게 가장 중요해요.

대피소란?

태풍이나 지진, 산사태, 홍수 같은 자연재해로 집이 무너졌거나 화재 등의 사고로 집을 잃었을 때 대피해 생활하는 장소예요. 주로 근처 학교나 주민 회관, 체육 시설 같은 곳을 대피소로 이용해요. 거주하는 지역에 따라 대피 장소가 정해져 있으므로 미리 알아 두면 좋아요.

주의 사항

사람들이 많이 모여 있는 대피소는 감염병이 퍼지기 쉬운 환경이에요. 또 손을 씻기 어려운 상황이라면 세균도 늘어나기 쉬워요. 한 사람, 한 사람이 청결한 환경 상태를 의식하고 유지하는 게 중요해요. 조금이라도 몸 상태가 나빠졌다면 재빨리 주변 어른들에게 상황을 알려 더는 나빠지지 않도록 대응하세요.

대피소 생활

대피소에는 필요한 모든 물품이 갖춰져 있지 않아요. 마실 것, 먹을 것도 며칠이 지나야만 지원받을 수 있는 경우도 있어요. 며칠 동안 마실 것, 먹을 것을 미리 준비해 두면 안심이죠. 아기부터 노인까지 다양한 사람들이 한 장소에 모여 있는 만큼 큰 소리로 떠들거나 뛰어다니는 행동은 피하도록 해요.

비상시 챙겨 나갈 물건 목록

- ☐ 알코올 소독제
- ☐ 항균용 물티슈
- ☐ 실내용 신발(슬리퍼)
- ☐ 체온계
- ☐ 마스크

다음 쪽을 참고해 가족들과 함께 비상시 챙겨 나갈 물건 리스트를 미리 확인해 두면 좋겠다!

🟢 대피소에 챙겨 가면 좋은 물건

대피할 일이 생겼을 때 곧장 챙겨 나갈 수 있도록 필요한 물건을 준비해 가방에 넣어 두세요. 양손이 자유로운 등산용 배낭에 넣고 실제로 메서 무게를 가늠해 보는 게 좋아요.

🌸 만약을 대비해 집에 둬야 할 물건

가족 구성원의 수만큼 각자 일주일 정도 사용할 수 있는 분량을 준비해 두는 게 좋아요.

식품 → 즉석밥, 통조림 캔, 레토르트 식품, 물

손전등, 휴대용 라디오, 충전기, 건전지 등

화장실 용품 → 두루마리 화장지, 휴대용 소변 봉투

식사 도구 → 플라스틱 접시와 컵, 나무젓가락 등

몸을 닦을 수 있는 커다란 물수건

🌸 화장실

대피소에는 간이 화장실이 설치되어 있지만, 화장실을 깨끗한 상태로 유지하는 일이 매우 어려워요. 오염된 화장실은 감염병의 원인이 되기도 해요. 물론 깨끗하게 쓰려는 마음가짐도 중요하지만, 모두 힘을 모아 청소 당번을 정해 보세요. 청소할 때 마스크와 비닐장갑을 반드시 착용하고, 청소가 끝나면 비닐장갑의 겉면을 만지지 말고 뒤집어 벗어 버리세요.

재난 생활 속 위생학

손을 물로 씻을 수 없을 때는 어떻게 하죠?

아~ 소중한 식수가!

얘들아, 이걸 써!

알코올 소독제로 손에 묻은 세균을 없애요

물이 나오지 않으면 양치질이나 손 씻는 게 불가능해요. 이는 위생적으로 매우 나빠요. 이때 알코올 소독제를 가지고 다니면서 자주 소독해 주세요. 제균 효과가 있는 물티슈를 사용해도 좋아요.

🟡 재해 상황에서는 무조건 물이 안 나올까요?

지진이나 태풍 같은 재해가 일어났을 때 정전 때문에 물이 나오지 않을 때가 있어요. 이는 하수 처리장에서 정화한 물을 가정으로 보낼 때 전기를 이용하기 때문이에요. 물이 나오지 않으면 화장실 사용이나 목욕, 식사와 양치질, 손 씻기 등 곤란한 일이 많아지죠. 물이 나오지 않아도 불편함이 없도록 미리 준비할 필요가 있어요.

🟡 손을 씻을 수 없을 때

자주 손을 씻을 수 없게 되면 세균이나 바이러스가 늘어나기 쉬워서 감염병이나 식중독이 퍼지기 쉬워요. 알코올로 세균을 없애는 스프레이나 젤, 물티슈 등을 재해에 대비해 구입해 놓아요.

🟡 사전 준비

재해가 일어났을 때는 물이 나오지 않을 상황을 대비하세요. 목욕물은 되도록 욕조에 모아 놓고 페트병 물도 사 두는 것이 좋아요. 급수차로 물을 지원하는 데까지 시간이 걸릴 수가 있거든요. 급수를 받을 때 필요한 소형 물탱크도 미리 준비하세요.

🟡 알코올 손 소독

알코올 소독제를 사용해 세균을 확실히 없애 주세요.
(→ 20쪽 참고)

① 알코올 소독제를 뿌려 손에 묻혀요.
② 소독제를 손가락 끝까지 묻혀 문질러요.
③ 손바닥, 손등도 신경 써서 발라요.
④ 손가락 사이사이, 엄지손가락까지 꼼꼼히 문질러 발라요.
⑤ 마지막으로 손목을 문지른 뒤 잘 말려요.

재난 생활 속 위생학

화장실 물이 내려가지 않을 때는 어떻게 하죠?

화장실을 쓸 수 없으면 목말라도 좀 참아야지.

다른 방법이 있을 거다냥~

다시 기저귀라도 해야 하나?

휴대용 간이 화장실을 사용하세요

지진이나 태풍 등으로 정전되었다면 물이 나오지 않거나 화장실 물이 내려가지 않는 일이 벌어져요. 배수관 상태가 좋지 않을 때는 휴대용 간이 화장실을 사용해 보세요.

🌟 필요한 도구

집에서 머물며 대피 생활을 해야 할 때를 대비해 간이 화장실을 준비해 두세요. 간이 화장실도 종류가 다양해요. 대형 비닐봉지와 신문지, 응고제를 준비하면 좋아요. 응고제는 한 사람당 하루에 5번 화장실에 간다고 계산해 일주일 분량으로, 가족 인원별로 마련해요. 4인 가족이라면 5번×7일×4인으로 계산해 140회 분량을 준비하세요.

🌟 물이 내려가지 않아도

화장실 물은 내려가지 않아도 배수관이 멀쩡하다면 변기에 직접 물을 넣어 흘려보낼 수 있어요. 다만 물 2L 정도가 든다고 생각하면 가족 인원을 고려해 제법 많은 물이 필요해요. 평소 욕조에 물을 모아 두어 만일의 경우에 사용할 물을 확보해 두세요.

🌟 휴대용 간이 화장실 사용법

집에서 대피 생활을 할 때는 커다란 쓰레기봉투 형태의 비닐봉지와 신문지, 배설물을 굳혀 주는 응고제를 휴대용 간이 화장실로 사용해요.

① 수세식 화장실 변기 안에 커다란 비닐봉지를 씌워요.
② 배설한 뒤 응고제를 넣어요(배설한 뒤 응고제 가루를 뿌리는 방법도 있음).
③ 배설물이 젤 형태로 굳으면 신문지로 싸요.
④ 뚜껑이 달린 플라스틱 양동이나 종이 상자에 넣어 집 밖에 둬요.

재해로 정전되거나 배수관이 막히면 상황이 정상으로 돌아올 때까지 시간이 걸리는구나. 여러 가지 상황을 고려해 필요한 것들을 준비해 놓자!

재난 생활 속 미생물학

통조림 캔은 정말 상하지 않나요?

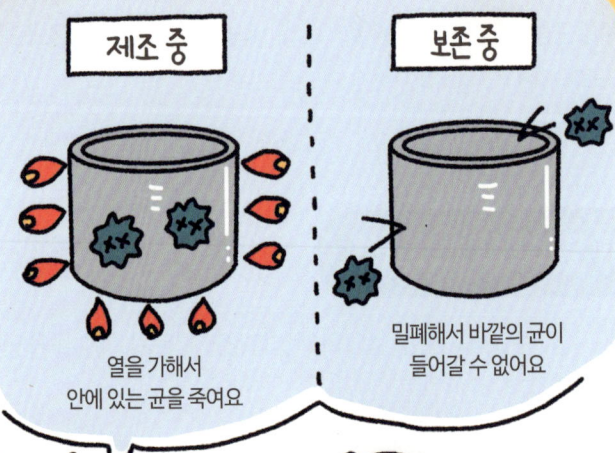

제조 중 — 열을 가해서 안에 있는 균을 죽여요

보존 중 — 밀폐해서 바깥의 균이 들어갈 수 없어요

많이 사도 괜찮다냥~

그건 알겠는데, 용돈을 탈탈 털어야 하는 건 나거든?

상하지 않아요

통조림 캔은 고온에서 열처리를 해 균이 없는 상태로 입구를 막기 때문에 상하지 않아요. 하지만 통조림 캔을 고온 다습한 곳에서 보관하거나 직사광선이 닿는 장소에 둘 경우, 캔이 점점 상하면서 구멍이 생기거나 모양이 변하면서 그 틈으로 미생물이 파고들 수 있어요. 그렇기 때문에 보관할 때 주의가 필요해요.

통조림 캔의 유통 기한

비상식량으로 좋은 통조림 캔도 유통 기한이 있어요. 무균 상태로 상할 리 없는데 왜 그럴까요? 유통 기한은 음식을 맛있게 먹을 수 있는 기간이기 때문이에요. 음식에 균이 없다 해도 시간이 지나면 맛이 조금씩 변하기 마련이거든요. 통조림 캔의 유통 기한은 보통 5~7년인데, 보관 상태만 괜찮으면 10년도 거뜬해요.

비상식량 고르는 방법

비상식량은 유통 기한이 길고 가열이나 조리를 거의 하지 않아도 맛있게 먹을 수 있는 게 적당해요. 통조림 캔은 비상식으로 아주 좋은 제품이죠. 재해가 일어나 집에서 생활하게 되었을 때, 며칠 동안 비상식량을 먹어야 해요. 이때 한 가지 제품만 먹지 말고 다양한 제품을 먹으세요. 같은 것만 먹으면 영양 균형이 나빠질 거예요.

롤링 스톡(Rolling stock)법

비상식량은 오래 보관하다 보니, 막상 열어 보면 유통 기한이 지난 경우가 있지 않나요? 이럴 때는 아래와 같이 롤링 스톡법을 활용해 보세요.

먹기
한 달에 한 번 정도, 보관해 둔 비상식량을 유통 기한에 가까운 것부터 꺼내 한 끼씩 먹어요.

채워 두기
먹은 분량만큼 다시 사서 채워 둬요.

준비하기
비상식량으로 가족 인원에 맞게 7일분을 보관해요.

통조림 캔은 3년 정도 지나면 맛이 없어지는구나, 집 안에 방치된 캔이 없는지 찾아보자!

➡ 유통 기한에 대한 자세한 설명은 132, 133쪽 참고

위생학이 쉬워지는 용어

ㄱ

가공식품 신선식품을 다양한 방법으로 가공해서 만든 식품이에요.

감염병 병원체가 몸 안으로 들어와 이상 증상이 나타나는 질병이에요.

검역 대기 감염될 가능성이 있는 사람을 배나 공항 또는 의료 기관에서 일정 기간 격리하도록 두는 것을 말해요.

균혈증 세균이 피를 타고 온몸을 돌아다니면서 심각한 증상을 일으키는 것을 뜻해요.

기후 변화 기온, 강수량 등이 긴 세월을 거치며 변하는 현상으로 지구 온난화나 산림 파괴가 가장 큰 원인이에요.

ㅁ

면역 세균이나 바이러스 등의 병원체로부터 몸을 지켜 주는 것을 말해요.

면역력 나쁜 균이 몸 안으로 들어왔을 때 맞서 싸우려는 힘이에요.

미네랄 몸에 꼭 필요한 영양소로 칼륨, 나트륨, 칼슘, 인, 철 등이 있어요.

미생물 눈에 보이지 않을 정도로 작은 생물로 크기에 따라 바이러스, 세균, 곰팡이 등으로 나뉘어요.

ㅂ

발효 미생물이 음식에 붙어 그 음식을 사람에게 좋은 쪽으로(맛있고, 영양가가 높은 식품으로) 변화시키는 과정이에요.

병원체 질병을 일으키는 미생물이에요.

비피두스균 유산균의 한 종류로 장을 청소해 주고 병원체 감염을 늦추는 이로운 균이에요.

백신 병원체를 통해 개발한 주사약으로, 백신을 접종하면 몸 안에서 질병과 맞서 싸울 힘이 생겨요.

ㅅ

삼투압 현상 수분 농도가 서로 다른 물체가 함께 있을 때 농도를 똑같이 맞추기 위해 농도가 낮은 쪽의 물이 농도가 높은 쪽으로 이동하는 현상이에요.

수소 이온 농도 수소 이온 농도 용액 속에 녹아 있는 수소 이온의 농도를 나타낸 값이에요. 수소가 많이 녹을수록 값이 커져요. 순수한 물은 중성이고, 이보다 큰 값은 염기성, 이보다 작은 값은 산성이라고 해요.

세균(균) 질병을 일으키는 병원체, 발효와 부패를 일으키는 미생물 중 하나의 세포로 이루어진 것을 세균이라고 해요.

세계보건기구(WTO) 세계 모든 이의 건강을 가능한 최고 수준으로 지키기 위해 만들어진 국제 연합 전문 기구예요.

신선식품 채소나 생선, 고기, 달걀처럼 가공하지 않은 식품이에요.

ㅇ

아나필락시스 쇼크 알레르기 증상이 짧은 시간 내에 급격히 일어나 혈압이 떨어지고 의식 장애가 생기는 등 전신이 위험한 상태에 놓이는 것을 말해요.

알레르기 몸 안으로 특정 이물질이 들어왔을 때 이를 거부하려는 반응이 과하게 일어나 여러 가지 이상 증상이 나타나는 것을 말해요.

어린이 식품안전보호구역 어린이를 보호하기 위해 안전하고 위생적인 식품 판매 환경을 만들고, 균형 잡힌 식생활을 할 수 있도록 학교와 학교 주변 200m 범위를 어린이 식품안전보호구역으로 정해 관리하고 있어요.

염소 표백제 흰색 옷이나 수건을 빨 때 사용하는 세제로 물에 풀면 수영장 냄새가 나요. 다른 세제와 섞어서 쓰면 위험해요.

오존층 파괴 오존층은 지구를 둘러싸고 있는 층으로, 태양이 내뿜는 자외선으로부터 지구를 보호해 줘요. 에어컨이나 스프레이 등을 사용할 때 발생하는 프로판 가스가 오존층 파괴의 주원인이에요.

온실가스 지구 대기를 오염시켜 온실 효과를 일으키는 가스로 이산화탄소, 메탄 가스 등이 있어요.

유산균 미생물의 일종으로 탄수화물을 분해해 유산을 만들어 내는 균이에요.

유전자 생물의 고유 성질을 복제하기 위해 부모 세포로부터 전달받은 정보를 뜻해요.

유통 기한 음식이 만들어지고 나서 유통될 수 있는 기간을 뜻하며, 식품의 신선도를 나타내기도 하지요.

예방 병에 걸리지 않기 위해 하는 모든 행동이에요.

음압 격리 호흡기 매개 감염병 환자를 격리하는 방법의 하나예요. 병실 내부의 압력을 외부보다 낮게 유지해 공기가 병실 안에서만 흐르도록 만든 특수한 병실에 환자를 격리하는 거예요.

잠복기 병원체가 몸 안에 들어가서 증상을 나타내기까지의 기간이에요. 질병마다 다 달라요.

점막 콧속, 입안, 눈처럼 피부로 덮이지 않아 촉촉하고 부드러운 부분이에요.

주방용 표백제 표백 성분이 들어 있는 세제로 세균과 그릇에 묻은 색소나 얼룩을 없애요.

지구 온난화 지구 전체 대기의 온도가 높아지고 있는 현상으로 이산화탄소 같은 온실가스가 늘고 있는 게 원인이에요.

학교 급식법 학생들의 안전을 위해 급식을 엄격하게 관리하기 위해 만든 법이에요.

학교 보건법 학생과 선생님의 건강을 지키고 병을 예방하기 위해 학교에서 할 일을 정한 법이에요.

항체 바이러스나 세균 같은 이물질이 몸 안으로 들어왔을 때, 몸 안에 생기는 대항 물질이에요. 항체는 이물질을 몸 밖으로 내보내는 역할을 해요.

효모 빵·맥주·포도주 등을 만드는 데 사용되는 미생물이에요. 3~4㎛ 크기의 단세포 생물이에요.

2차 감염 감염병이 다른 사람에게 퍼지는 것이에요.

lx '럭스'라고 읽어요. 빛의 밝기 정도를 나타내는 단위로 값이 클수록 밝아요.

KODOMO EISEIGAKU supervised by Misako Miyazaki
Copyright © 2021 SHINSEI Publishing Co., Ltd.
All rights reserved.
Original Japanese edition published by SHINSEI Publishing Co., Ltd.
Korean translation copyright © 2022 by BLUEMOOSE BOOKS
This Korean edition published by arrangement with SHINSEI Publishing Co., Ltd., Tokyo,
through HonnoKizuna, Inc., Tokyo, and AMO AGENCY

이 책의 한국어판 저작권은 아모 에이전시를 통해 저작권자와 독점 계약한 블루무스에 있습니다.
저작권법에 의해 한국 내에서 보호를 받는 저작물이므로 무단 전재와 무단 복제를 금합니다.

초등학생을 위한 유쾌한 교양 수업
궁금해요! 위생학

초판 1쇄 발행일 2022년 5월 25일

감수 미야자키 미사코
옮긴이 박햇님

펴낸이 金昇芝
편집 노현주
디자인 양x호랭 DESIGN

펴낸곳 블루무스어린이
출판등록 제2018-000343호
전화 070-4062-1908
팩스 02-6280-1908
주소 서울시 마포구 월드컵북로 400 5층 21호

이메일 bluemoosebooks@naver.com
홈페이지 www.bluemoosebooks.co.kr
인스타그램 @bluemoose_books

ISBN 979-11-91426-37-3 (73510)

아이들의 푸른 꿈을 응원하는 블루무스어린이는 출판사 블루무스의 어린이 단행본 브랜드입니다.

*저작권법에 의해 보호를 받는 저작물이므로 무단전재와 복제를 금합니다.
*이 책의 일부 또는 전부를 이용하려면 저작권자와 블루무스의 동의를 얻어야 합니다.
*책값은 뒤표지에 있습니다. 잘못된 책은 구입하신 곳에서 바꾸어 드립니다.